呼和浩特局集团公司
局情教育

中国铁路呼和浩特局集团有限公司　◎编

中国铁道出版社有限公司

2 0 2 4 年·北　京

内 容 简 介

本书内容包括中国铁路及呼和浩特局集团公司发展历程、安全管理、运输生产、铁路建设、科技与信息化建设、保险保障、企业文化、党团工作、劳动用工及岗位培训。

本书可作为新职人员入路教育的培训教材，也可作为职工日常教育培训的参考资料。

图书在版编目（CIP）数据

呼和浩特局集团公司局情教育 / 中国铁路呼和浩特局集团有限公司编. -- 北京 ：中国铁道出版社有限公司，2024. 10. -- ISBN 978-7-113-31522-1

Ⅰ. F532.6

中国国家版本馆 CIP 数据核字第 2024Y2612M 号

书　　名：**呼和浩特局集团公司局情教育**
作　　者：中国铁路呼和浩特局集团有限公司

责任编辑：朱敏洁　**编辑部电话**：(010)51873134　**电子邮箱**：zhuminjie1105@163.com
封面设计：刘　莎
责任校对：苗　丹
责任印制：高春晓

出版发行：中国铁道出版社有限公司（100054，北京市西城区右安门西街 8 号）
网　　址：https://www.tdpress.com
印　　刷：天津嘉恒印务有限公司
版　　次：2024 年 10 月第 1 版　2024 年 10 月第 1 次印刷
开　　本：880 mm×1 230 mm 1/32　**印张**：5.625　**字数**：188 千
书　　号：ISBN 978-7-113-31522-1
定　　价：36.00 元

编写委员会

主　任： 田春亮

副主任： 魏秀琴 马志军

主　编：（按姓氏笔画排序）

王　蕾　王利栋　王虎斌　王浩宇　毛维融

田　原　白志军　刘艳春　苏　莉　杜　峰

李晓杰　杨效松　宋　兵　张　宇　张起瑞

陈玉洁　陈旭斌　武志宏　庞　明　赵　凯

郝雪峰　胡建龙　姜惠山　郭　帅　潘凡鲁

主　审： 任　宏　李春龙

前　言

滚滚车轮见证奋斗的足迹，声声汽笛吹响奋进的号角，艰辛与汗水书写了辉煌的历史，忠诚和无悔铸就了草原铁路坚强的根基。呼铁人怀揣梦想、热爱事业、忠于职守、砥砺前行，始终与集团公司同呼吸、共命运、心连心，凝聚成推动集团公司高质量发展的磅礴力量。为使职工全面了解铁路历史变迁，集团公司发展状况等信息，增强爱路爱企、爱岗敬业、奉献呼铁的责任感、自豪感和使命感，中国铁路呼和浩特局集团有限公司组织编写了《呼和浩特局集团公司局情教育》。

本书内容包括中国铁路及集团公司发展历程、安全管理、运输生产、铁路建设、科技与信息化建设、保险保障、文化引领、党团工作、劳动用工及岗位培训。全书内容丰富、通俗易懂，可作为新职人员入路教育的培训教材，也可作为职工日常教育培训的参考资料。

本书由中国铁路呼和浩特局集团有限公司教材编审委员会组织，集团公司机关各部门共同编写，宣传部、职工培训部审核，职工培训部校订并实施完成。第一章由庞明编写；第二章由刘艳春编写；第三章由赵凯、张起瑞、陈玉洁、姜惠山、王虎斌、王利栋、郝雪峰、王浩宇、胡建龙、田原分系统编写；第四章由潘凡鲁编写；第五章由杨效松、苏莉编写；

第六章由白志军、武志宏、郭帅编写；第七章由李晓杰、陈旭斌编写；第八章由杜峰、张宇、毛维融编写；第九章由王蕾编写；第十章由宋兵编写。全书由任宏、李春龙审核。在此对所有编审人员及支持本书编写的同志表示衷心的感谢。

本书编写时间短，难免存在疏漏之处，欢迎读者朋友予以批评指正。

编委会

2024 年 3 月

目　录

第一章

中国铁路及呼和浩特局集团公司发展历程

第一节 中国铁路发展概况

自 1876 年第一条铁路开通运营以来，中国铁路迄今已有 148 年的历史了。百余年来，中国铁路从 0.5 km 的“展示铁路”到 16 万 km 的“营业里程”(其中“八纵八横”高铁网主通道已建成约 80%)，从“龙号”机车到时速 350 km 的高速列车，再到拥有自主知识产权的中国标准动车组“复兴号”，中国铁路发展史，见证了一个国家的百年巨变，彰显了在中国共产党领导下，铁路人不屈不挠的奋斗历程和自立自强的创新精神。

1. 蹒跚起步的中国铁路(1876 年—1911 年)

中国铁路是起步于半殖民地半封建时期，最早时期的中国铁路是 1876 年由英国怡和洋行擅自修建的上海至吴淞镇的吴淞铁路，这是中国第一条营业性铁路(图 1-1)。1881 年中国自办的第一条铁路唐胥铁路建成，掀开了中国铁路建设的序幕。1886 年成立开平铁路公司，这是中国自办的第一个铁路公司。1876 年—1911 年，在中国大地上先后修建了约 9 100 km 铁路，其中，京张铁路(北京至张家口)是第一条由中国人主持修建的铁路干线(图 1-2)，这一时期翻开了中国铁路历史的第一页。

图 1-1 中国第一条营业性铁路——吴淞铁路通车

图 1-2 京张铁路青龙桥站人字形铁路

2. 艰难延伸的中国铁路(1911 年—1949 年)

辛亥革命以后到新中国成立以前,铁路发展虽然比晚清时期有较为明显的进步,但整体发展还是十分缓慢。1912 年孙中山先生提出修建 16 万 km 铁路的规划。这是中国最早的铁路网布局设想。1912 年—1927 年,北洋政府在关内修建了约 2 100 km 铁路,大都是原有铁路的展筑和延续;在东北修建了约 1 800 km 铁路,多数是日本帝国主义采用借款、垫款或"合办"等方式修建和控制的,还有一些是官商合办的铁路。到 1949 年,全国仅有铁路 2 万多公里,设备陈旧,管理落后,运输效率低下。

3. 奋发图强的中国铁路(1949 年—1978 年)

1949 年 10 月 1 日,中华人民共和国诞生,在中国共产党的领导下,中国铁路克服重重困难,奋发图强,迅速重建发展,相继完成了成渝、天兰铁路的铺轨通车任务,动工新建了兰新、宝成、丰沙等铁路。至 1952 年底,全国铁路营业里程增加到 22 876 km。从 1958 年至 1965 年,先后新建了包兰、兰新、兰青、干武、黔桂铁路都匀至贵阳段、京承、太焦、外福、萧甬铁路等铁路干线。1958 年 6 月实施宝成铁路电气化改造,1975 年 6 月建成,是新中国第一条电气化铁路

(图 1-3)。“文革”时期,铁路建设受到极大干扰,但施工生产没有完全停滞,先后建成贵昆、成昆、湘黔、京原、焦枝等铁路干线。至 1978 年,中国的路网构架基本已经形成。

图 1-3 宝成铁路胜利通车

4. 阔步前行的中国铁路(1979 年—2012 年)

在党中央的高度关怀和大力支持下,改革开放时期的中国铁路实现了创新发展和阔步前行,先后开展了大规模建设会战和既有线改造,铁路路网规模和运输效率实现大幅提升。

1986 年,我国进入第七个五年计划时期,京秦、大秦(第一工程)等双线电气化铁路相继竣工。全长超过 14 km 的大瑶山隧道顺利打通,使南北主要大干线京广铁路双线全线通车,大大提高了通过能力。兰新铁路修到了阿拉山口,完成了横贯东西的钢铁运输线。

1992 年 8 月,国务院批准中央与地方合资建设铁路的政策,充分调动了中央和地方建设铁路的积极性,带来了铁路建设和运营体制上的变革,加快了铁路建设速度,促进了地区经济发展。至 1996 年,全国建成的合资铁路有三茂线、集通线、阳涉线、合九线、广梅汕线、漳泉肖线、成达线、西一、北疆线和孝柳线,正在建设的有广大、金温、石长、横南、邯济、朔黄等铁路。

2006 年 7 月 1 日，青藏铁路全线开通运营，这是中国新世纪四大工程之一，也是世界上海拔最高、线路最长的高原铁路，如图 1-4 所示。

图 1-4　青藏铁路庆典列车整装待发

2008 年 8 月 1 日，京津（北京至天津）城际铁路正式开通运营（图 1-5）。这是中国第一条具有完全自主知识产权的时速 350 km 的高速铁路。

图 1-5　京津城际铁路线位图

2012 年先后建成京石武、哈大、盘锦到营口、津秦、北京地下直径线、合蚌、宁杭、杭甬、杭州东、厦深、汉宜、龙厦、湘桂扩能改造、合肥三线电改、遂渝二线、沾六复线、南疆二线等 6 366 km 铁路新线，其中包括 7 条高速铁路总里程 3 400 km。

5. 快速发展的中国铁路(2012 年以来)

党的十八大以来，我国铁路发展实现历史性突破、取得历史性成就并转向高质量发展，成为新时代十年伟大变革的精彩缩影和有力印证。

2013 年先后开通运营津秦客专、宁杭客专、杭甬客专、厦深铁路、武汉黄冈城际、武咸城际等一批重要的铁路线路，其中大部分铁路为每小时 200 km 的城际线路。

2014 年底，我国高速铁路营业里程达到 16 000 km，2008 年—2014 年的复合增长率达 69.63%，高速铁路营业里程占铁路总里程的比例达 14.3%。

(1)基础设施网络水平不断提升，建成世界上最大高速铁路网和较完善的铁路网。全国铁路营业里程由 2012 年的 9.8 万 km 增长到 2023 年的 15.9 万 km，其中高铁营业里程由 2012 年的 0.9 万 km 增长到 2023 年的 4.5 万 km，铁路密布、高铁飞驰，"流动中国"、四通八达，铁路发展成就成为全面建成小康社会的标志性成就之一。

(2)铁路服务质量能力持续提升，人民群众获得感、幸福感、安全感明显增强。深化运输供给侧结构性改革，优化铁路客货运输产品，全面推广电子客票和货运业务网上办理，铁路和高铁分别通达覆盖 99.3%的 20 万人口以上城市、94.3%的 50 万人口以上城市，铁路服务水平实现质的跃升，成为近年来人民群众获得感最强的领域之一。

(3)科技自立自强能力显著增强，高铁迈出了从追赶到领跑的关键一步。发挥新型举国体制优势和国铁集团科技创新领军企业优势，形成了以复兴号动车组为代表的一大批科技创新成果，我国铁路总体技术水平迈入世界先进行列，高铁、高原、高寒和重载铁路技术达到世界领先水平，智能铁路技术创新迈出新步伐，高铁成为我国自主创新的成功范例和国家名片。

(4)铁路改革不断推向深入，高质量发展动力和内生活力进一步增强。在顺利完成铁路政企分开改革和公司制改革的基础上，推动京沪高铁、中铁特货等公司相继上市，股份制改造实现新突破。坚持市场化改革方向，基本建立现代企业制度和市场化法治化经营机制。推动国铁资本布局优化调整，深入推进分层分类铁路建设，促进铁路建设投资主体多元化。

(5)铁路走出去迈出重要步伐，我国铁路国际影响力竞争力不断提升。中老友谊标志性工程中老铁路、"一带一路"标志性项目雅万高铁先后高质量开通运营，中泰铁路等项目稳步推进，中欧班列战略通道作用和西部陆海新通道辐射作用日益凸显，在推动基础设施"硬联通"的基础上，铁路规则标准"软联通"取得新进展，铁路走出去取得实实在在的成就。

(6)战略支撑保障能力不断增强，为全面建设社会主义现代化国家奠定坚实基础。服务"国之大者"，彰显国铁担当。十年来累计完成铁路投资 7.7 万亿元，是上一个十年的 1.9 倍；其中"老少边"及脱贫地区铁路建设投资达 4.3 万亿元，占同期铁路建设投资总额的 78%，有 130 多个县结束了不通铁路的历史，为稳增长、惠民生做出重要贡献。

第二节　呼和浩特局集团公司历史发展概况

呼和浩特局集团公司是中国国家铁路集团有限公司管理的 18 个大型铁路运输企业之一。

一、集团公司总体概况

呼和浩特局成立于 1958 年 11 月 1 日，地处内蒙古自治区中西部，路网辐射通辽以西 10 个盟市，是连接我国西北、华北、东北物资运输和我国通往蒙古国、俄罗斯以及东欧的重要陆路通道。2017 年 11 月 19 日实施公司制改革并更名“中国铁路呼和浩特局集团有限公司”(图 1-6)。

管内有京包、包兰、集二 3 条国铁干线，乌吉、包石、包环 3 条国铁支线，集通、京包客专、呼鄂、唐包、临哈、包白、黄公、西金、包西等 24 条控股合资铁路线，东乌、郭查、呼准线 3 条非控股合资铁路线，联络线 27 条，疏解线 1 条，总营业里程 6 929 km，电气化率 53.1%、复线率 45.5%，高铁营业里程 422 km。所属运输站段 35 个，非运输一级企业 10 家，控股合资铁路公司 10 家，配属机车 964 台，客车 2 155 辆，CRH5A 型动车组 19 组，CR200J3 型动力集中动车组 7 组。截至 2023 年底，集团公司职工人数 64 786 人。

1958 年建局时，铁路营业里程为 1 390 km；1978 年改革开放时，铁路营业里程为 1 611 km；截至 2023 年底，铁路营业里程为 6 929 km，是建局时营业里程的 4.98 倍。

图 1-6　呼和浩特局集团公司办公大楼

二、集团公司历史沿革

1. 建局以来基本情况

1958 年 7 月，铁道部设立呼和浩特管理局筹备处。

1958 年 11 月 1 日，呼和浩特铁路局成立。

1996 年 10 月，根据铁道部《关于改革呼和浩特铁路局管理体制的决定》，撤销包头、集宁铁路分局，实行由铁路局直接领导站段的管理体制。

2017 年 11 月 19 日，铁路局实施公司制改革，更名为“中国铁路呼和浩特局集团有限公司”。

2. 客运体制改革

1999 年 10 月，为推进铁路运输企业重组，成立呼和浩特铁路局客运公司。包头客运、车辆段，呼和客运、车辆段整建制划归客运公司。同时，撤销局客运处，将其车站客运管理职能划入运输处，其余职能和人员并入客运公司；撤销局运输收入处，其客车收入稽查职能划入客运公司；车辆处客车科的管理职能和人员以及技术设备科的客车车辆技术设备管理职能划入客运公司。

2000 年 8 月，为加快客运公司的市场化进程，撤销呼和、包头客运运营、客车车辆 4 个分公司，实行由公司直接管理车队（车间）的“一级管理”体制。

2003 年，为进一步完善客运公司管理体制，成立呼和、包头客运运营管理中心。同时，将客运公司管理的客车车辆检修、运用管理职能以及人员、资产全部从客运公司划出，成立包头客车中心和呼和浩特运用管理部。

2004 年 5 月，为加强客运专业管理，撤销客运公司，恢复成立客运处，作为局行政职能机构，将局运输处管理的专运办公室划出，移交客运处领导和管理。呼和、包头客运运营管理中心分别更名为呼和客运段、包头客运段。

3. 货运体制改革

2013 年 4 月，为加快现代物流转型发展，成立货运营销中心，组建各地区货运物流公司。

2013 年 5 月，根据铁路总公司《关于同意呼和浩特铁路局调整组建运输站段的批复》，将乌海、包头、呼和浩特、集宁、二连货运中心从多元一级公司中独立出来，成立了乌海、包头、呼和浩特货运中心，集宁、二连货运中心合并成立新的集宁货运中心，按运输站段管理。

2022 年 5 月，根据国铁集团《关于实施 95306 整体升级货运集中办理的通知》(铁货电〔2021〕159 号)，集团公司将原来分散在各货运站的 95306 客服、需求受理、核算制单、内交付、货损理赔、收入进款等货运内勤业务集中到铁路局货运受理服务中心统一办理，各货运站营业厅保留综合服务窗口，为有需要的客户提供线下服务。

2024 年 1 月，根据国铁集团《关于加快铁路现代物流体系建设的意见》(铁办〔2023〕97 号)，集团公司将 4 个货运中心、2 个车务段以及 4 家非运输一级企业、25 家二级企业的货运物流业务整合，成立呼和、包头两个物流中心(物流公司)。

4. 非运输业改革

1990 年—2002 年，铁路局大力鼓励发展多种经营，兴办各类企业达到 156 个，涵盖运输、仓储、贸易、旅游、房地产、建筑、采矿、种植、养殖、餐饮服务、广告等领域，形成因地制宜、就地取材发展中小型实业的局面。

2003 年—2014 年，根据总体部署，积极推进主辅分离、辅业改制工作，同时针对非运输企业“小散弱”的经营局面，按业务板块、产业区域等因素将非运输企业重组整合为 18 家专业化、集约化、规模化发展的大型企业。

2015 年—2017 年，铁路局大力推进非运输企业重组整合，集中精力发展主营业务，先后撤并业务萎缩的 4 家煤炭贸易企业，对同属物流包装类的 2 家企业、同属房地产开发的 2 家企业进行重组整合。同时，开展了非运输企业“僵尸企业”、减亏损专项整治，至 2024 年 1 月，集团公司非运输企业控股一级公司 10 家。

5. 社会职能移交

2003年，根据国家和铁道部统一部署，铁路局稳步推进社会职能移交工作。2003年底将管内自办的中小学校、幼儿园及职业学校全部移交地方管理；2004年底将所有铁路自办的医院及疾病控制中心全部移交地方管理。

6. 检法管理体制改革

2011年，按照中央关于铁路公检法管理体制改革有关要求，铁路局稳步推进法院、检察院管理体制改革工作。2012年6月，自治区境内的铁路法院、铁路检察院全部与呼和浩特铁路局分离，一次性整体移交给自治区高级人民法院和自治区人民检察院，实行属地管理，整体纳入国家司法管理体系。

三、集团公司发展简史

集团公司建立之初，草原铁路运营里程仅1 390.7 km，营业站62个，管内线路占全路的3.1%。65年后，草原铁路运营里程已达6 929 km，在内蒙古自治区形成以京包线、包兰线、包西线、包白线、集二线、集通线为骨干的“中西片”铁路网络。

内蒙古自治区中西部铁路建设的大发展，始于国家的第一个五年计划。1953年5月，集二线开工修建，1955年12月开通运营。1954年11月，包白线开工，1958年11月全线开通。1955年10月，包兰线开工，1958年10月全线开通。1956年3月，包石线开工，1958年11月全线开通。

建局后，草原铁路继续完成已开工线路和新建线路。

1967年1月，乌吉线全线开通。

1971年12月，郭查线全线开通。

1987年7月，海公线全线开通。

1989年11月，大包双线全线开通。

1995 年 7 月，集通铁路建成运营。

2004 年，铁道部与内蒙古自治区签署《关于内蒙古铁路建设有关问题的会谈纪要》，内蒙古大草原上掀起铁路建设新高潮，集包三四线、新包神铁路、呼准铁路、东乌铁路、临策铁路等项目相继开工。

2009 年，包头至惠农的包惠铁路、大同至包头的大包铁路电气化相继完成，铁路运输能力直接提高 30%左右，内蒙古自治区中西部地区“一车难求”的运输瓶颈得到有效缓解。

2010 年，包西线（包头西至西安张桥）开通运营（图 1-7）。彼时，内蒙古自治区铁路基本形成“四条出区达海通道、四个对外口岸、六纵六横”的路网新格局。

图 1-7 包西铁路开通运营

2015 年，额哈铁路全线开通（图 1-8），额哈铁路与临策铁路连通，成为新疆维吾尔自治区联通内地的第二条出区大通道。

2015 年，锡林浩特到二连浩特的锡二铁路全线贯通。同年 7 月，锡林浩特至乌兰浩特的锡乌铁路开通运营。

2015 年，张唐铁路开通运营，与之前建成的集张铁路一起，成为内蒙古自治区西部煤炭能源大通道。

2017 年 8 月，内蒙古自治区首条高速铁路——张呼高速铁路乌

图 1-8　额哈铁路全线开通运营

兰察布至呼和浩特东段开通运营(图 1-9)。同年 12 月,呼准鄂铁路投用。

图 1-9　首趟复兴号列车从呼和浩特东站正点驶出

2020 年 12 月 30 日,张呼高速铁路张乌段(张家口至乌兰察布)正式开通运营,至此,圆了草原人民的进京“高铁梦”。

一项项重点工程开工建设,一条条便民利民的线路开通运营,逢山开路、遇水搭桥,一幅风生水起、稳步急行的建设画卷跃然而现。如今,草原铁路一张横跨东西、纵贯南北、快速连接、通江达海的新路网正在形成。

截至 2023 年底，内蒙古自治区全区铁路运营里程达到 1.48 万 km(其中，高/快速铁路 548 km)，居全国第一；全区铁路复线率 40%，全区铁路电气化率 45%，铁路网密度达到每万平方公里 125 km，集团公司功在其中。呼铁人不忘初心，整装再出发，请扫描二维码 1 观看《精彩呼铁》。

二维码 1
《精彩呼铁》

第三节　集团公司对自治区经济发展的促进作用

新时代十年，集团公司自觉服务自治区经济社会发展，积极落实习近平总书记交给内蒙古自治区的“五大任务”和全方位建设模范自治区“两件大事”，推动内蒙古自治区高质量发展。

一、国家能源安全有力有效保障

依托铁路大通道运能优势，内蒙古自治区的优质资源不断运往全国各地，保障了国家的能源安全，助推了少数民族地区经济社会绿色、快速、平稳发展。十八大以来新增“公转铁”运量 1.3 亿 t，集装箱运量年均增长 34%，二连口岸过货量实现 7 年五连增，中欧班列数量增长 35 倍。2022 年，集团公司货物发送量首次达到 2.62 亿 t，为历史最高。

二、人民群众出行更加方便快捷

草原大地上的客运路网不断优化升级，内蒙古自治区结束了没有高铁的历史，复兴号动车组奔驰在草原大地上，实现呼包鄂乌

1 h、首府与首都 2 h 交通圈的融通，有效促进了“呼包鄂乌”城市一体化发展；在草原深处持续开行公益性“慢火车”，让农牧民出行更便捷。跨省动车覆盖陕、晋、鲁、豫 4 省区，开行客车对数由 49 对增至最高 118 对。

三、铁路建设投资拉动作用明显

积极推进铁路建设，加快构建现代高效、覆盖广泛、快捷融合、衔接顺畅、让人民满意的现代化铁路网，全力发挥铁路建设促进内蒙古自治区经济社会发展的重要作用。“十三五”期间累计完成建设投资 402.4 亿元，全局营业里程由“十二五”末的 6 133 km 增加到 6 908 km，增长 12.6%。

第二章

安全管理

第一节　安全生产概况

一、安全生产管理基本概念

安全生产是指在生产经营活动中，通过人、设备、环境、管理的和谐运作，使生产过程中潜在的各种事故风险和伤害因素始终处于有效控制状态，切实保护劳动者的生命安全和财产安全。

安全生产管理，就是针对生产过程中的安全问题，进行有关决策、计划、组织和控制等活动，实现生产过程中人与设备、物料、环境的和谐，达到安全生产的目标。安全生产管理包括安全生产法制管理、行政管理、监督检查、工艺技术管理、设备设施管理、作业环境管理、安全文化等方面。

安全生产是铁路运输的永恒主题，是铁路的生命线，是铁路的"饭碗工程"。没有安全，铁路一切工作将无从谈起。做好安全工作，是企业和职工必须做好的首要工作，是工作业绩、家庭幸福、企业发展的基础工作。

安全生产工作实行"三管三必须"，即管行业必须管安全、管业务必须管安全、管生产经营必须管安全，强化和落实生产经营单位的主体责任，落实设备设施（或物资）保障责任、资金投入责任、机构设置和人员配备责任、规章制度制定责任、安全教育培训责任、安全生产管理责任、事故报告和应急救援责任等。

铁路安全生产坚持"安全第一、预防为主、综合治理"的方针不动摇，这也是国家的安全生产方针。"安全第一"，就是在生产经营活动中，在处理保证安全与实现生产经营活动的其他各项目标的关系上，要始终把安全放在首要的位置，实行"安全优先"的原则。安全第一，体现了以人为本、安全发展的理念，是预防为主、综合治理的统帅，没有安全第一的思想，预防为主就失去了思想支撑，综合治理就失去了整治依据。“预防为主”，是安全生产工作方针的核心，也是安全第一理念的具体要求和支撑，预防为主是要将预防事故的发生放在安全工作的首位。要在事故预防上下功夫，采取有效手段管控风险、整治隐患，做到防患于未然，将事故消灭在萌芽状态。“综合治理”，是从发展规划、专业管理、安全投入、科技创新、教育培训、职业健康、安全文化以及责任追究等方面着手，建立安全生产长效机制。综合治理的目的在于预防事故的发生，体现以人为本、安全发展的理念，是“安全第一、预防为主”的安全管理目标实现的重要手段和方法，只有不断健全和完善综合治理工作机制，才能有效贯彻安全生产方针，从源头上防范化解重大安全风险。

二、安全生产法律规定和安全生产规章制度

铁路安全必须依法依规管理，职工必须依法依规按标作业，既是法定权利，也是法定义务。学法、知法、守法，对于做好铁路安全工作具有基础层面的重要意义。安全生产法律、法规和规章制度，落实到集团公司、站段、车间三级管理层，形成管理职责和标准体系；落实到各工种岗位上，形成职工必须遵守的规章制度、作业程序和标准。

（一）法律规定

《中华人民共和国安全生产法》是各行各业必须共同遵守的安全生产的基本法律。

第二十八条规定：生产经营单位应当对从业人员进行安全生产教育和培训，保证从业人员具备必要的安全生产知识，熟悉有关的安全生产规章制度和安全操作规程，掌握本岗位的安全操作技能，了解事故应急处理措施，知悉自身在安全生产方面的权利和义务。未经安全生产教育和培训合格的从业人员，不得上岗作业。

第二十九条规定:生产经营单位采用新工艺、新技术、新材料或者使用新设备,必须了解、掌握其安全技术特性,采取有效的安全防护措施,并对从业人员进行专门的安全生产教育和培训。

第三十条规定:生产经营单位的特种作业人员必须按照国家有关规定经专门的安全作业培训,取得相应资格,方可上岗作业。

第三十五条规定:生产经营单位应当在有较大危险因素的生产经营场所和有关设施、设备上,设置明显的安全警示标志。

第三十六条规定:安全设备的设计、制造、安装、使用、检测、维修、改造和报废,应当符合国家标准或者行业标准。生产经营单位必须对安全设备进行经常性维护、保养,并定期检测,保证正常运转。维护、保养、检测应当做好记录,并由有关人员签字。生产经营单位不得关闭、破坏直接关系生产安全的监控、报警、防护、救生设备、设施,或者篡改、隐瞒、销毁其相关数据、信息。

第四十一条规定:生产经营单位应当建立安全风险分级管控制度,按照安全风险分级采取相应的管控措施。生产经营单位应当建立健全并落实生产安全事故隐患排查治理制度,采取技术、管理措施,及时发现并消除事故隐患。事故隐患排查治理情况应当如实记录,并通过职工大会或者职工代表大会、信息公示栏等方式向从业人员通报。

第四十四条规定:生产经营单位应当教育和督促从业人员严格执行本单位的安全生产规章制度和安全操作规程;并向从业人员如实告知作业场所和工作岗位存在的危险因素、防范措施以及事故应急措施。生产经营单位应当关注从业人员的身体、心理状况和行为习惯,加强对从业人员的心理疏导、精神慰藉,严格落实岗位安全生产责任,防范从业人员行为异常导致事故发生。

第四十六条规定:生产经营单位的安全生产管理人员应当根据本单位的生产经营特点,对安全生产状况进行经常性检查;对检查中发现的安全问题,应当立即处理;不能处理的,应当及时报告本单位有关负责人，有关负责人应当及时处理。检查及处理情况应当如实记录在案。

第五十七条规定：从业人员在作业过程中，应当落实岗位安全责任，严格遵守本单位的安全生产规章制度和操作规程，服从管理，正确佩戴和使用劳动防护用品。

第五十八条规定：从业人员应当接受安全生产教育和培训，掌握本职工作所需的安全生产知识，提高安全生产技能，增强事故预防和应急处理能力。

第五十九条规定：从业人员发现事故隐患或者其他不安全因素，应当立即向现场安全生产管理人员或者本单位负责人报告；接到报告的人员应当及时予以处理。

（二）安全生产规章制度

按照标准化工作体系建立的安全生产规章制度体系，把安全生产规章制度分为技术标准、工作标准和管理标准。

从铁路安全管理的角度，《铁路技术管理规程》和各铁路局集团公司《行车组织规则》是安全管理必须执行好的基本规章。以基本规章为核心，各专业系统均有各自的专业规章。车务系统：《列车运行图编制管理规则》《货物列车编组计划规则》《车务安全管理规则（试行）》《车站行车工作细则编制规则》等；客运系统：《中国国家铁路集团有限公司铁路旅客运输规程》《铁路旅客运输安全检查管理规则》《铁路旅客运输安全检查管理规则》等；货运系统：《铁路货物运输规程》《铁路货物运输管理规则》等；机务系统：《机务行车安全管理规则》《铁路机车操作规则》《铁路机车运用管理规程》《机车技术管理规则》以及各种机型定期检修规程等；车辆系统：《铁路车辆安全管理规则》《铁路动车调度规则》《铁路车辆调度规则》，客、货车辆厂、段、运用维修规程以及动车组检修规程等；供电系统：《铁路电力管理规则》《铁路电力安全工作规程》《电气化铁路接触网故障抢修规则》《电气化铁路有关人员电气安全规则》《高速铁路接触网安全工作规则》《高速铁路接触网运行维修规则》《普速铁路接触网安全工作规则》《普速铁路接触网运行维修规则》等;工务系统:《普速铁路线路修理规则》《普速铁路工务安全规则》《高速铁路工务安全规则(试行)》《普速铁路桥隧建筑物修理规则》《高速铁路桥隧建筑物修理规则(试行)》等;电务系统:《普速铁路信号维护规则》《高速铁路信号维护规则》《铁路电务安全规则》《铁路通信维护规则》等。这些都是专业管理的基本技术标准,此外,还有各专业操作技能岗位作业标准。在施工安全方面有《铁路营业线施工管理办法》等。

为确保安全生产落到实处,呼和浩特局集团公司和各站段先后建立健全安全生产责任制、安委会和安全分析例会、安全决策、专业管理、设备设施管理、双重预防管理、应急管理、培训教育、铁路沿线环境安全治理、安全监督管理、消防安全管理、责任考核追究、综合保障等安全生产管理制度。

三、安全生产管理概况

呼和浩特局集团公司认真践行总体国家安全观和大安全观,把全面构建铁路安全保障体系作为有效载体,驱动安全工作朝着既定目标方向发展,确保安全治理体系和治理能力作用发挥,推动安全基础建设任务项目有序实施,牢牢把握贯穿其中的先进性、有效性、系统性和可持续性特点,坚持系统思维,从防控安全风险的全过程、全要素出发,统筹推进管理、作业、设备、环境安全可靠和谐统一,推动实现本质安全。

健全落实安全治理体系,梳理明确安全责任、分析预警、专业管理、技术规章、设备设施、职教培训、监督检查、科学决策、应急管理、考核激励十项机制和相关制度、办法,自上而下厘清管理事项、理顺管理链条。压紧压实安全生产责任,《集团公司安全管理实施细则》健全明晰集团公司专业部门、综合部门和站段、车间的安全生产责任和安全管理界面。分层级制定全员安全生产责任制，健全明晰明确所有层级、各类岗位从业人员的安全生产责任。深化安全双重预防管理，突出安全风险超前防范管控，扎实开展隐患排查整治。强化专业安全管理主导作用，推进监督、检查、指导、服务、协调五方面专业职能作用有效落实，专项诊断并指导解决技术规章标准、设备质量标准、岗位作业标准等短板弱项，加强对非运输企业、维管单位、业务外包项目专业检查指导和运输站段的专业管理评价，定期开展短板补强、重点帮促，推动专业安全管理向深度广度拓展。抓好资格性、适应性培训和差异化的精准培训和安全警示教育。持续强化设备设施安全基础，建立健全设备设施履历管理和全寿命周期管理机制，动态掌握设备底数，强化设备检养修标准落实，加强设备分级分类维修管理，有序推进物防设备设施的补强、技防手段的优化完善。

深化标准化规范化建设，突出“管理、设备、环境、作业”四位一体，建立评价项点的个性指标。分系统、分专业将创建目标任务细化量化具体化，瞄着指标干、围着指标管、盯着指标理，推动标准化规范化建设持续向车间、班组拓展。持续加强应急安全管理，修订完善集团公司 16 项主体应急预案，进一步规范恶劣天气、自然灾害、危货运输、旅客列车大面积晚点等突发事件和非正常情况的应急响应、信息报告、现场指挥等关键环节的处置流程和专家团队工作标准。统筹抓好各级应急管理、指挥、值守、处置人员以及护路巡防人员、现场职工的应急技能培训，不定期、分专业开展多场景、综合性、临时化、无准备式应急演练。开展区域性、多专业联合处置综合实战演练，提升应急处置协同能力。防范化解外部环境安全风险，巩固扩大环境隐患治理成效。

持续提升安全监督管理效能，强化安全信息和事故管理。推动安全管理数字化建设，聚焦提升人员、设备、环境、管理本质安全水平，推动安全管理系统化、智能化、显性化，推进安全生产管理向数字化转型。以集团公司安全管理综合信息平台为依托，升级建设全局安全管理数据中心，有序实施数据资源共享、专业平台统型、视频综合利用，推进跨专业横向联通、跨层级纵向贯通，推进数据共享共用。

第二节　安全双重预防管理

铁路安全双重预防管理是在2016年10月国务院安委会办公室印发《关于实施遏制重特大事故工作指南构建双重预防机制的意见》(安委办〔2016〕11号)后，2017年国铁集团印发了《关于构建铁路安全风险管控和安全隐患排查治理双重预防机制的指导意见》正式在全路推行，2019年又印发了《安全双重预防机制工作指南(试行)》。

安全双重预防是指安全风险管控和隐患排查治理，安全风险是指发生危险事件和危害暴露的可能性，与随之引发的人身伤害、健康损害、财产损失或环境破坏等后果的严重性的组合。安全风险从高到低划分为重大风险、较大风险、一般风险、低风险四个等级。安全隐患是指违反国家和铁路相关安全生产法律、法规、规章、标准、规程和安全生产管理制度的规定，或因其他因素在生产经营活动中存在可能导致事故的物的危险状态、人的不安全行为、环境的不安全因素和管理上的缺陷。国家将安全隐患划分为重大隐患、一般隐患，国铁集团将隐患划分为重大隐患、突出隐患、一般隐患。

呼和浩特局集团公司制定印发了集团公司《安全风险管控和隐患整治双重预防管理办法》，文件从风险辨识研判、风险库建立、管控措施制定、分等级和分层级管控、风险公告和预警及管控效果评价等方面，以及安全隐患排查方式及重点、等级确定、类别划分、隐患库建立和闭环治理等方面进行了明确，着力人防、物防、技防“三位一体”，注重综合施策，强化源头治理、关口前移、超前防范，坚持逐级负责、专业负责、分工负责、岗位负责的原则，立足从源头上管控安全风险，消除事故隐患，通过实施双重预防，强化风险分层、分级、分类控制，加强隐患排查治理，把风险控制在隐患形成之前、把隐患消除在事故发生之前，有效防范和遏制高铁、客车、旅客和施工、人身等方面事故，实现安全生产持续稳定。

第三章

运 输 生 产

第一节 车务系统

一、运输部机构设置情况

运输部主要负责集团公司车务安全管理及运输组织协调工作，下设车站科、技术科、运输计划分析科、设备科和高铁科5个科室。各科室主要职责为：

1. 车站科：主要负责普速铁路车务系统技术规章管理、车务系统专业管理及行车组织、车务系统标准化规范化建设、车务系统安全管理等工作。

2. 技术科：主要负责集团公司列车运行图和货物列车编组计划的编制和调整、新建改建行车设备开通及LKJ数据变化后换装电报的下发、新建铁路及专用线设计审查和竣工验收等工作。

3. 运输计划分析科：主要负责集团公司月度运输生产经营方案编发、集团公司运输生产指标完成情况分析、集团公司运输效率奖惩、车务系统干部职工培训等工作。

4. 设备科：主要负责制定车务自管设备管理、使用、维修办法制定，车务自管设备更新、改造、大修方案编制和组织实施，车务自管设备的日常管理以及安全生产费的推进落实等工作。

5. 高铁科：主要负责车务系统高速铁路技术规章制定、高铁车站专业技术管理、高铁车站安全管理、高铁开通前联调联试及运行试验等工作。

二、车务站段机构设置情况

车务系统设置5个直属站（包头西、包头、呼和、集宁、二连站），5个车务段（乌海车务段、鄂尔多斯车务段、集宁车务段、锡林浩特车务段、大板车务段），并负责临河运营维修段，内蒙古铁路运营管理集团责任有限公司、额济纳运营维管段 3 个单位的车务专业管理工作。管内共有 279 个车站，其中一等站 10 个、二等站 15 个、三等站 63 个、四等站 94 个、五等站 92 个、线路所 5 个。

三、管内主要线路通过能力

1. 京包客专线（怀安—包头西，与北京局相连，分界位置为兴和北与怀安站间）

包头东站Ⅲ场（不含）至呼和浩特东高速场（含）为 CTCS-2 级常态点灯区段，平行运行图通过能力为 177.1 对，通过能力利用率为 49.6%。呼和浩特东站（不含）至怀安（不含）段为 CTCS-2 级常态灭灯区段，平行运行图通过能力为 236 对，通过能力利用率为 21.6%。

2. 京包线（北京—台阁牧，与太原局相连，分界位置为古店与孤山站间）

古店至台阁牧间为双线四显示自动闭塞区段，平行运行图通过能力为 185.7 对，该线客货列车最多的区间在陶卜齐至呼和浩特集包场间，通过能力利用率为 51.8%。

3. 唐包线（曹妃甸北—包头东，与北京局相连，分界位置为小蒜沟与友谊水库站间）

友谊水库至包头东段为双线四显示自动闭塞区段，平行运行图通过能力为 185.7 对，该线客货列车最多的区段为姑家堡至陶卜齐段，通过能力利用率为 74.5%。

4. 包兰线（包头东—兰州，与兰州局相连，分界位置为乌海西与惠农站间）

包头东至惠农段为双线、四显示自动闭塞区段，平行运行图通过能力为 185.7 对，该线客货列车最多的区段为乌拉山至临河段，通过能力利用率为59.5%。

5. 包西线(包头—西安,与西安局相连,分界位置为新街与中鸡站间)

包头至新街段为双线、四显示自动闭塞区段平行运行图通过能力为185.7对,该线客货列车最多的区段为包头南至响沙湾段,通过能力利用率为45.7%。

6. 临哈线(临河—哈密,与乌鲁木齐局相连,分界位置为明水与梧桐水站间)

临河至额济纳段:平行运行图通过能力15.6对,通过能力利用率为97.7%;额济纳至梧桐水段:平行运行图通过能力13.2对,通过能力利用率90.5%。

7. 集通线(贲红—通辽北,与沈阳局相连,分界位置为哲里木与通辽北站间)

贲红至蒙根塔拉、宇宙地至通辽北为双线、四显示自动闭塞区段,平行运行图通过能力为185.7对。蒙根塔拉至宇宙地段为单线半自动闭塞区段,平行运行图通过能力为38.9对。该区段图定旅客列车7对、货物列车27对,通过能力利用率为92.8%。

8. 集二线(集宁—二连,与蒙古国接轨,分界位置为二连站至蒙古国扎门乌德站间)

集宁至贲红段为双线、四显示自动闭塞区段,平行运行图通过能力为185.7对,贲红至二连段为单线半自动闭塞,平行运行图通过能力为30.23对。该线贲红至赛汗塔拉段为限制区段,图定旅客列车4对,货物列车25对,通过能力利用率为99.9%。

9. 呼鄂线

台阁牧至鄂尔多斯段为双线、四显示自动闭塞区段,平行运行图通过能力为177.1对,该线客货列车最多的区段为前朱堡至大院东段,通过能力利用率为34.7%。

第二节 客运系统

一、客运系统概况

客运系统担负着集团公司管内客运营业站、旅客列车的旅客、行包运输组织任务，职能管理机构为客运部，下设安全设备科、客运管理科、技术科、专运办公室四个科室和客票管理所、12306 铁路客户服务中心两个附属机构，分别负责客运安全管理、安检查危专业管理、客运设施设备管理；组织指导旅客伤害和行包事故的调查、处理；新建、改建线路、站房前期初设、预可研、验收、安全评估及开通运营开办客运业务；行包、高铁快件运输组织；客运产品运条运价管理；客运站车服务质量管理；修订相关规章制度、定期公布客运有效(废止)文电；组织指导客运管理人员和职工的业务技能培训；编制旅客列车运行图、旅客列车开行及编组计划方案，组织临客、旅游列车的开行和能力调整；制定营销策略和措施；客票管理和营销组织，客票系统、客票代售网点的建设和管理；专运任务组织等方面工作。

集团公司承担客运业务的运输站段共有 13 个，分别是：呼和浩特、包头、集宁、二连、包西直属站，集宁、鄂尔多斯、乌海、锡林浩特、大板车务段，临河运营维修段，包头、呼和浩特客运段。管辖客运营业站 50 个、旅客乘降所 120 个、车队 23 个、客运乘务班组 226 个。客运营业站按需配置客运值班员、客运员、售票值班员、售票员、计划员、行李值班员、行李员、车站综控员、客车给水员、铁路客运安检员等工种；旅客列车按需配置列车长、列车值班员、列车员、行李员等工种。截至 2024 年初，客运系统干部职工队伍共计 9 000 余人。

二、客运发展

2024年一季度，集团公司基本图开行旅客列车105对，较2013年开行47对增加58对。其中本局集团公司担当直通旅客列车43对，较2013年开行20对增加23对；管内34对，较2013年开行11对增加23对。外局集团公司担当旅客列车28对，较2013年开行12对增加16对。开行方向涉及北京、上海、重庆等直辖市，西安、太原、银川、兰州、乌鲁木齐、西宁、沈阳、郑州、青岛、成都、南宁、广州等交通枢纽及人口密集城市。

2023年，集团公司旅客发送量3 592.5万人，完成年度计划3541万人的101.5%，客运收入37.9亿元，完成年度计划32.9亿元的102.7%。2024年春运，旅客发送量共计完成417.7万人，日均10.4万人，较2023年同期增长61.0%，客运收入共计完成4.1亿元，较2023年同期增长53.7%。

2019年12月30日京包客专全线运营，集团公司旅客运输进入到高铁时代。包头、呼和浩特至北京的旅行时间分别由11小时、9小时减少到3小时17分、1小时59分，极大地压缩了旅客出行时间，京包客专开行直通动车组列车以来，从2020年初期基本图15对、周末图3对、高峰图2对。逐步增加到2024年基本图37对、周末图4对、高峰图14对，为集团公司融入全路高铁网奠定了基础。草原铁路出乘如图3-1所示。

2020年6月，全路推广实施客票电子化。客运系统陆续为全局集团公司管内51个客运营业站配齐门式自动检票闸机、柱式检票机、手持检票终端，为12个客运营业站增设旅服集成管理平台。管内全部实现旅客持本人购票证件自助完成实名核验和进出站检票，旅客通过闸机平均用时从原来的4 s/人下降到1.5 s/人，旅客进出站通行速度明显提升。

图 3-1　草原铁路出乘

三、客运服务

（一）推动落实“复兴号”品牌战略

二维码 2 《怒放的高铁蓝玫瑰》

包头客运段高铁车队推出“一依托、两确保、六统一”措施，首创“借用车底”经营组织模式，以班组品牌创建，推进标准化规范化班组建设，推出党建＋、营销法＋、服务法＋、党史学习＋，打造有榜样作用、有内涵、有温度的乘务班组，不断扩大草原动车服务品牌的影响力，营造草原高铁“情满草原铁路，爱在温馨旅途”的美好出行体验。包头客运段高铁车队标准化规范化建设，请扫描二维码 2 观看《怒放的高铁蓝玫瑰》。

（二）温馨服务链

包头站包头客运车间“温馨服务链”党内客运品牌是针对旅客买票、进站、候车、乘车过程，采用“五岗一队”形式，提供无缝衔接服务的体系。始终秉承着“一切为了旅客”的精神，结合新形势下铁路现代化建设、客运服务提质要求，为旅客出行营造出一个安全、有序、温馨的候车、乘车环境（图 3-2）。

图 3-2　温馨服务旅客

（三）商务座服务提质

呼和浩特、呼和浩特东站按照商务座服务提质要求，对贵宾室进行改造，在候车感受上打造不同功能的候车专区，在出行便捷上增配实名核验、液体检测、电子客票检票等专属服务设备，在服务品质上选派专业迎候、引领、安检人员提供服务，满足商务座旅客差异化服务需求。

第三节　货运系统

一、系统概况

货运系统由集团公司货运部、95306 货运物流服务中心、呼和浩特铁路物流中心(内蒙古呼铁物流有限责任公司)、包头铁路物流中心(包头铁路物流有限公司),二连站负责货运、货检业务的管理部门,集宁站、呼和站、包头西站、乌海车务段、临河运营维修段负责货检业务的管理部门组成。

中国铁路呼和浩特局集团有限公司管辖货运营业站共有148个(含国铁营业站、合资铁路营业站)。其中国铁货运营业站55个,合资铁路货运营业站93个。货物运价里程6 081 km,其中国铁货物运价里程1 416 km,合资控股货物运价里程4 616 km,合资非控股货物运价里程49 km。

二、机构设置

(一)集团公司货运部

集团公司货运部负责管内货运业务与物流全程服务的安全管理、专业管理、经营管理等工作。内设综合保价科、货运管理科、多式联运科、技术设备科、装卸管理科、货运营销科、运条运价科7个职能科室。

(二)95306货运物流服务中心

95306货运物流服务中心列集团公司本部生产机构,业务接受货运部管理,负责全局货运业务集中办理和客户服务工作,集中承担管内货运客服、需求受理、货损理赔、核算制票,以及运输收入进款管理等业务。内设货运部直接管理的煤炭、多式联运、白货3个物流室和综合室、需求受理室、核算制单室、收入进款室、交付理赔室、客户服务室。

(三)铁路物流中心(物流公司)

呼和浩特、包头2个区域铁路物流中心(物流公司),模拟法人运作,根据集团公司授权,具体开展市场营销、物流总包等物流经营活动和负责物流开发、装卸作业、安全管理等生产组织业务。

铁路物流中心(物流公司)设管理机构 8 个，分别为综合部(党委办公室)、人力资源部(组织部)、党群工作部、安全质量部、计划财务部、场站业务部、装卸业务部、信息技术部；设辅助生产机构 1 个，为生产调度中心(安全生产指挥中心)。

呼和浩特铁路物流中心生产机构设营销部 1 个、营业部 6 个、经营部(二级公司)3 个；包头铁路物流中心生产机构设营销部 1 个、营业部 13 个，经营部(二级公司)15 个。

(四)货检站

集团公司有二连站、集宁站、呼和站、包头西站、临河站、乌海西站 6 个货检站。铁路货检实行区段负责制，区段负责制是指货检站按规定的检查范围、技术要求和作业标准，对货物列车(含军用列车)进行货检作业后，保证货物列车安全继运到下一个有货检作业的货检站，并承担相应的安全责任。

口岸站二连站货运业务由二连站负责管理，货运业务通过 95306 系统集中办理，车站负责按照物流经营生产单位的订单组织好取送、配空、货检等生产组织工作。

三、技术装备

(一)货运计量安检设备

1. 铁路货车超偏载检测装置。铁路货车超偏载检测装置是在货车运行过程中对其轮重进行测量，进而自动判定货车是否超载、偏载和偏重的一种检测装置，安装在苏集、友谊水库、集宁、萨拉齐东、包头西、打拉亥、达拉特西、新街西、临河、额济纳、碱柜、乌海西站等检测点。

2. 铁路货车装载状态视频监控设备。铁路货车装载状态视频监控设备能够对货车车体、货物、货物装载加固的可视部位状态进行监视并具备图像采集和传输等功能的设备，安装在二连、包头西、包头北、集宁、呼和浩特、乌海西站等监控点。铁路货车装载状态视频监控设备室外设备、室内设备如图 3-3、图 3-4 所示。

图 3-3 铁路货车装载状态视频监控设备室外设备

图 3-4 铁路货车装载状态视频监控设备室内设备

3. 自动轨道衡。自动轨道衡是对行进中的铁路货车进行称量，具有对称量数据进行处理、判断、指示和打印等功能的一种自动衡器，安装在包头西、包头、萨拉齐东、乌拉特前旗、呼和浩特、沙良、集宁、庙梁、临河、乌海、乌海北、乌海西站等检测点。

(二)装卸机械设备

装卸机械设备是指用于装车、卸车和搬运的机械设备的总称。装卸作业机械化是实现提高装卸生产效率、压缩停留时间、节约人力、减轻职工劳动强度的主要途径，装卸作业机械化是铁路货物装卸发展方向。

铁路货运常用装卸机械包括门式起重机、集装箱正面吊运机、内燃叉车、电瓶叉车、装载机、汽车起重机、抓(扒)料机等。门式起重机、集装箱正面吊运机、内燃叉车如图 3-5～图 3-7 所示。

图 3-5 门式起重机

四、工作开展

近年来，货运系统在国铁集团货运部及集团公司党委、集团公

图 3-6　集装箱正面吊运机

图 3-7　内燃叉车

司的坚强领导下，紧扣“提质增能创效”工作主线，依令而行、迎难而上，全力以赴推动各项重点工作落实落地，取得了新成效，打开了新局面。

1. 聚焦坚守红线底线高质量推进货运安全管理。货运系统不断深化货运安全双重预防机制建设,加强货运安全基础管理,强化重点装运任务安全管控,严抓装车质量,坚持“发站从严、装车从严”,突出特殊装备和卷钢、长钢轨等重点货物装载加固,严把发站监装、路企交接、途中货检三个关口,货运安全管控能力不断提高。

2. 聚焦提质增能创效高质量推进货运物流营销上量。货运系统实施“一口价”组合营销策略,抓实物流总包项目市场拓展,“一企一策”提升物流总包服务质量和创效能力,全力稳定提升到港煤炭运量,打高出区和管内电钢焦煤运量,主攻口岸煤炭增量,打满焦炭运输,深度挖掘白货货源,搭建区域白货、集装箱集散中心,提升新开专用线发运量,促进有效货源应铁尽铁、应增尽增。

3. 聚焦主责主业高质量推进现代物流体系建设。货运系统站位于服务自治区“五大任务”和“模范自治区”建设,对标国铁集团现代物流建设“1+6+2”工作部署和现代化呼铁“八快八新”,积极推进产品品牌创建提质工程、物流装备系统创新工程、物流场站转型升级工程、运输组织优化提升工程、物流经营改革创新工程、物流信息数智改造工程。

第四节　机务系统

一、机务系统概况

1. 集团公司机务部负责集团公司的机车运用、检修、整备及救援列车的专业管理工作,在保障铁路运输安全、提高运输组织效率等方面发挥着重要作用。设有高铁运用、检修、安全教育、设备、整备5个科室。管辖呼和浩特、包头西、大板三个机务段。

2. 呼和浩特机务段前身为集宁机务段，集宁机务段始建于1955年，2022年为适应生产重心西移至呼和浩特的变化，迁址呼和浩特，更名为呼和浩特机务段。承担全局内燃机车中修，配属电力、内燃机车小辅修（C1～C3修）、整备任务以及内燃机车局做大修工作，同时也是全局内燃中修检修基地。具备DF_{8B}、DF_{4C}、DF_5型机车大修资质以及HXD_1、HXN_{3B}型机车C4修资质。承担集团公司100%高铁动车、85.5%普速客车、76.6%万t重载列车牵引任务。

3. 包头西机务段始建于1924年，地处包头市包头西阿吉拉地区，位于包兰、包西、京包客专、包白铁路交会处，现员4 030人。承担电力机车中修（C4修），配属电力、内燃机车小辅修（C1～C3）、整备任务，同时也是全局牵引电机大修基地。目前已取得SS4G机车中修和大修、HXD_1、HXD_2、$HXD_{3C/3D}$型机车C4修资质。主要担当包兰、包西、包白、唐包、京包线货车牵引任务。

4. 大板机务段：位于赤峰市巴林右旗大板镇，隶属于内蒙古集通铁路（集团）有限责任公司，业务上受中国铁路呼和浩特局集团公司直接管理。承担配属内燃机车中修、小辅修、整备任务。主要担当集通、塔锡、锡二等线客、货车牵引任务。

二、机构设置

（一）生产单位情况

机务系统共有32个生产车间，其中：运用车间14个，检修车间5个，整备车间7个，设备车间3个。救援车间3个；共有38个职能科室，其中：呼和浩特机务段10个、包头西机务段15个、大板机务段13个。主要生产班组636个，其中：呼和浩特机务段268个、包头西机务段236个，大板机务段132个。

（二）乘务交路情况

1. 呼和浩特机务段主要承担集团公司动车组列车、重载列车、普速旅客列车、普通货物列车及调小机车值乘任务。

(1)动力分散型动车组乘务交路：呼和浩特(东)至包头、呼和浩特东至乌兰察布(兴和北)、呼和浩特东至大同南、呼和浩特东至北京北(清河)。图3-8所示为“复兴号”动车组列车行驶在京包客专。

图3-8 “复兴号”动车组列车行驶在京包客专

(2)动力集中型动车组乘务交路：呼和浩特东至乌海(临河)、呼和浩特东至鄂尔多斯、呼和浩特东至集宁南、呼和浩特东至榆林。

(3)客运乘务交路：呼和浩特(东)至包头、呼和浩特(东)至大同、呼和浩特(东)至集宁南、大同至集宁南、集宁南至二连、呼和浩特(东)至鄂尔多斯、呼和浩特东至乌海西(临河)、呼和浩特至东胜西、呼和浩特(包头)至榆林。呼和浩特机务段动车运用车间标准化规范化建设请扫描二维码3观看《责任在心 铸道前行》。

(4)货运乘务交路：呼和浩特南至滦平东、呼和浩特南(王气、甲兰营)至十八台，十八台(集宁)至张家口南、十八台(集宁/南)至乌兰察布中心站、十八台至滦平东、呼和浩特西至大路西、呼和浩特西至集宁、呼和浩特南至沙母巴(新街)、呼和浩特南至召壕、集宁(南)至大同(西)、十

二维码3
《责任在心铸道前行》

八台至湖东，集宁至赛汗、赛汗至二连、二连至扎门乌德(蒙古国)。重载列车行驶在唐包线上如图 3-9 所示。

图 3-9 重载列车行驶在唐包线上

2. 包头西机务段主要承担集团公司部分普速旅客列车和货物列车牵引任务。

(1)客运乘务交路：包头至临河/乌海西，包头东至白云鄂博、包头东至包头东、包头东至鄂尔多斯/乌审旗、临河至额济纳。

(2)货运乘务交路：包头(西)至惠农、包头西至集宁(十八台、苏集)、包头西(古城湾)至新街、新街至乌审旗、乌兰陶乐盖(大牛地)至新街至鄂尔多斯经呼鄂线至呼和浩特南、包北(包西)至高头窑、包头西至白云鄂博、包头东至包头东、乌海西至吉兰太、乌海至公乌素、黄白茨至公乌素、临河至召壕、临河至苏宏图。

3. 大板机务段主要担当集通、塔锡、锡二等线客、货车牵引任务。

(1)客运乘务交路：集宁南至锡林浩特、桑根达来至大板、大板至通辽、锡林浩特至二连浩特。

（2）货运乘务交路：集宁至桑根达来（北）、桑根达来（北）至大板、大板至哲里木、哲里木至通辽、锡林浩特至二连浩特、锡林浩特至五间房电厂、锡林浩特至制气厂、锡林浩特至桑根达来、锡林浩特至正蓝旗、正蓝旗至虎什哈、锡林浩特至白音库伦（加补）、正蓝旗至多伦（多伦煤化工）、锡林浩特至敖日格勒、曹不罕至十八台、曹不罕至苏集、塔黄旗至滦平东（电力）、林西至蒙根塔拉（加补）。

三、技术装备

1. 配属机车情况：截至2024年4月底，集团公司共配属机车964台机车，其中国铁电力机车544台（HXD_1型229台、HXD_2型141台、SS_4型111台、HXD_{3C}型25台、HXD_{3D}型38台），国铁内燃机车194台（HXN_{3B}型21台、DF_{4DK}型32台、DF_{8B}型97台、DF_7型18台、DF_5型26台）；集通公司内燃机车226台。

2. 检修整备能力：集团公司电力机车中修（C4修）4台位，年中修机车能力168台；电力机车小辅修（C3修及以下修）16台位，年修机车能力1 696台；内燃机车中修4台位，年中修能力168台；内燃机车小辅修21台位，年修能力2 226台。集团公司电力机车整备26台位，内燃机车整备30台位。集宁整备场如图3-10所示。

3. 救援列车情况：集团公司配属救援起重机10台（包含3台进口200T、1台进口160T），分别停靠在集宁、呼和、包头东、临河、额济纳、大板、锡林浩特，其中救援演练基地设置在集宁地区。救援列车演练如图3-11所示。

四、工作开展

机务系统严格落实“职工看标准、干部看作风、落实看效果、责任看到位”的工作要求，坚守高铁和旅客列车安全生命线，以完善安全基础建设为载体，突出抓好运输机力人力保障，深入推进安全质

图 3-10　集宁整备场

图 3-11　救援列车演练

量隐患整治，圆满完成了各项目标任务。

一是安全生产方面。近年来，机务系统始终坚持“安全第一、预防为主、综合治理”的方针，安全基础进一步巩固，风险管理持续深化，“三位一体”安全保障体系进一步完善，应急救援能力进一步提升，安全形势保持稳中向好，2020 年至今事故件数较 2017 年至 2019 年下降 31.3%。

二是经营业绩方面。深化推进和谐型机车修程修制改革，通过组建技术攻关团队，深入研究检修技术，挖掘现有人员、设备的潜力，提升部件自主修能力扩大自主修范围。实施改革后，机车检修成本进一步压减、机车使用效率进一步提高、机车检修定额进一步压减、机车质量持续向好。

三是运输保障方面。配属机车由 2018 年配属的 553 台增长至 2024 年 4 月的 738 台，特别是八轴交流电车由 84 台增加至 326 台，为“十三五”期间贯通唐包、大包、包兰等线实施“机车长交路、乘务区段化”措施及“十四五”期间集团公司货运上量打下了坚实的基础。

四是民生建设方面。2018 年以来，机务系统按照集团公司党委要求，机务部深入一线，充分调研，大力压减乘务员超劳、解决呼和南饮用水问题、解决机车乘务员食宿需求、保障职工身心健康，切实解决职工生产生活实际困难。

五是队伍建设方面。2018 年以来，机务部以机车乘务员岗位为重点，狠抓职工队伍建设，突出主要生产岗位，采取多样化培训手段，创新培教方式，促进全员技能达标，加大首席技师、高级技师、技师评聘力度，持续推进机务系统“千人工程”。近三年，共计新培养机车司机 993 名，动车组司机 252 名，截至 2024 年 4 月全集团公司机车乘务员共计 5 920 人，为我局增运上量和高铁开行提供了人员支撑，包西机务段乘务员杜海宽先后被评为全国劳动模范、道德模范，先进典型的示范作用进一步彰显。

第五节　车 辆 系 统

一、机构设置

1. 车辆部。设置动车科、客车科、货车科、技术设备科、安全教育科、验收室 6 个专业管理职能科室，1 个附属机构（机辆检测所），下辖包头、包头西、集宁车辆段 3 个车辆段，对集团公司乌海车务段及内蒙运管公司和中铁电化额济纳维管段相关车辆专业实施监管。

2. 包头车辆段。设 14 个科室，9 个车间，232 个生产班组。包头车辆段是集团公司唯一的动、客车车辆段，承担管内配属客车的 A1、A2、A3 修，空调发电车中修，客车运用维修、客车检车乘务，呼和站、二连站客列检维修，军、专、特、临客、旅游列车整备以及管内动车组检车乘务及一、二级修等任务。请扫描二维码 4 观看《包头车辆段企业文化建设》。

二维码 4
《包头车辆段企业文化建设》

3. 包头西车辆段。设 15 个科室，12 个车间，139 个生产班组。包头西车辆段是集团公司最大的货车检修基地，管辖区段东至古城湾站、西至乌海西站、北至白云鄂博站、南至新街，管内有京包、包兰 2 条干线和包环、西金、包满、乌吉、海公、包西、新上、响四、响大、临策、拉黄、东铜等 12 条支线，管辖里程 2 815 km。

4. 集宁车辆段。设 15 个科室，13 个车间，152 个生产班组。集宁车辆段是集团公司货车检修基地，位于京包、唐呼、集二、集通铁路交会处，东临京津、南连晋冀、西接呼包、北通二连，管辖范围东起通辽北、西至东兴、南起大同古店、北至二连，管辖里程 3 741 km。

二、车辆配属情况

1. 动车组配属情况。配属 CRH5A 型动车组 19 组，开行北京、济南、郑州、包头、乌兰察布等方向 35 对（直通 22 对、管内 13 对）。

2. 动力集中动车组配属情况。配属 7 组（短编）“复兴号”

CR200J3-B 型动力集中动车组，开行乌海西、临河、鄂尔多斯、集宁南等方向 8 对。

3. 普速客车配属情况。配属普速客车 2 155 辆(含代管集通公司 329 辆)，开行呼和浩特、包头始发至北京、杭州、广州、西宁等 27 个省、自治区、直辖市 40.5 对(直通 21 对、管内 19.5 对)90 组 1 309 辆运用客车。承担北京至莫斯科 K3/4 次、乌兰巴托 K23/24 次，呼和浩特至乌兰巴托 4653/4654 次国际旅客列车的宽轨转向架段修、换装任务。

4. 货车配属情况。配属 C_{80B} 型货车 8 200 辆、使用大秦公司 C_{80} 型货车 5 400 辆(比照配属管理)，局管内用货车 725 辆。由 C_{80} 编组的万吨列车如图 3-12 所示。

图 3-12 万吨煤炭运输列车行驶在铁路线上

三、管辖设备

“5T”设备概况。5T 设备共 457 台套，其中 THDS 设备 420 台套，TFDS 设备 20 台套，覆盖我局集宁、呼和、包西、乌海以及锡林浩特、通辽 6 个主要货车动态检车区域；TEDS 设备 2 台套，安装在呼和东站进出站咽喉；TVDS 设备 5 台套，安装在呼和客列检 2 台套、二连客列检 1 台套、包头客整所 2 台套；TPDS 设备 6 台套、TADS

设备 5 台套，安装在唐包线公积板站、打拉亥、陶卜齐、古城湾；TCDS 地面服务器 3 台套，车载设备投入应用到局配属车体及呼和、包头三级服务器。

四、检修能力

1. 动车组。建有动车所 1 处，设 4 线 8 列位检修库 1 座、临修库 1 座、高速存车场存车线 15 条；承担配属 19 组 CRH5 型动车组一、二级检修任务。目前，一级修日均检修能力 20 组，年 7 416.65 组；二级修日均检修能力 5 组，年 1 823.26 组。动集动车组。设呼和东客整所，2 线 4 列位检修库 1 座。具备 D1/D2/D3 修。呼和浩特东动车所动集整备所如图 3-13 所示。

图 3-13　呼和浩特东动车所动集整备所

2. 客车。现有客车段修台位 30 个，整备库 3 处（呼和、包头、呼和东）、年段修能力 1 250 辆、辅修能力 3 000 辆、库检列车 15 万辆次、站检列车 38 万辆次。二连设国际宽轨客车换轮库 1 处（客车转向架宽、准轨换装库 3 线 18 台位）。国际客运列车宽轨换装作业如图 3-14 所示。

图 3-14　国际客运列车宽轨换装作业

3. 货车。货车厂修台位 6 个(包头西车辆段),段修台位 66 个(包头西车辆段 36 个,集宁车辆段 30 个),临修台位 108 个(包头西车辆段 61 个、集宁车辆段 47 个);年厂修能力 1 850 辆,段修 2.2 万辆,临修 2.4 万辆,轮对组装能力 7 500 条;设列检作业场 29 个(包头西车辆段 17 个、集宁车辆段 12 个),技术交接作业场 32 个(包头西车辆段 12 个,集宁车辆段 20 个、其中含 2 个国际交接作业场),动态检测作业场 2 个(包头西车辆段 1 个、集宁车辆段 1 个)。集宁车辆段罐车检修基地和包头西车辆段轮轴检修车间如图 3-15、图 3-16 所示。

图 3-15　集宁车辆段罐车检修基地

五、名词解释

1. 动车组:时速 350 km 中国标准动车组为动力分散型电动车

图 3-16　包头西车辆段轮轴检修车间

组，采取 8 辆编组，由两个“二动二拖”的牵引动力单元组成“四动四拖”（4M4T）的结构。设计速度为 350 km/h，总定员 576 人。图 3-17 所示为 CRH400BF 动车组。

图 3-17　CRH400BF 动车组

2. 动力集中动车组。CR200J3-B 动集动车组（图 3-18）构成：9 辆编组，1 动 7 拖 1 控，全部为座车，总定员 720 人，长约 234 m。

3. 重载货车 C96(H)。C96(H)型运煤专用敞车（图 3-19）自重 24 t、载重 96 t，可不摘钩连续翻卸，满足单列编组 1 万 t、动力分散牵引 2～3 万 t 运输要求。

4. 车辆安全监测检测系统：车辆轴温智能探测系统（THDS）、货车故障轨边图像检测系统（TFDS）、车辆运行品质轨边动态监测系统（TPDS）、车辆滚动轴承故障轨边声学诊断系统（TADS）、货车

图 3-18　CR200J3-B 动集动车组

图 3-19　C96(H)型运煤专用敞车

轮对尺寸动态检测系统（TWDS）、客车故障轨边图像检测系统（TVDS）、客车运行安全监测系统、动车组运行故障动态图像检测系统（TEDS）。

第六节　工务系统

一、机构设置

工务部负责工务技术设备、线桥大中修、自轮运转设备、林业、焊轨等专业管理，下设线路、桥隧、大修、高线、技术设备、机械设备、安全教育科。工务部辖属站段级单位：集宁、呼和、包头、乌海工务段，大板、锡林浩特综合维修段，呼和浩特工务机械段，焊轨段，临河运营维修段，林业总场。

二、技术设备

1. 线路设备

集团公司线路总延展长 12 442.027 km，其中正线延展长 9 713.161 km，站线延展长 2 728.866 km。共有道岔 7 718 组，其中正线道岔 2 939 组。

运营线路：总延展长 3 754.767 km，其中正线延展长 2 368.415 km（准轨 2 363.04 km，宽轨 5.375 km）。无缝线路总长度 2 300.076 km，其中：正线无缝线路总长度 2 162.303 km，占正线延展长 91.5%；站线无缝线路总长度 137.773 km，占站线延展长 10.4%。60 kg/m 钢轨正线铺设总长度 2 198.37 km，占正线总延展长度的 92.8%。道岔总计 4 041 组，其中正线道岔 1 224 组（准轨 1 213 组，宽轨 11 组）。

合资线路：总延展长 8 687.26 km，其中正线延展长 7 344.746 km。无缝线路总长度 5 939.88 km，其中：正线无缝线路总长度 5 822.716 km，占正线延展长 79.277%；站线无缝线路总长度 117.164 km，占站线延展长 8.727%。60 kg/m 钢轨正线铺设总长度 6 093.721 km，占正线总延展长度的 82.9%。道岔总计 3 677 组，其中正线道岔 1715 组。

2. 桥隧设备

2023 年底，集团公司共有桥梁 3 244 座 523 978 m，隧道 120 座 180 179 m，涵洞 9 482 座 221 603 m，共计 4 705 桥隧换算百米。其中国铁桥梁 1 266 座 53 824 m，隧道 9 座 8 488 m，涵渠 1 440 座 32 744 m，计 524 桥隧百换算米。合资铁路桥梁 1 978 座 470 154 m，

隧道 111 座 171 692 m，涵渠 8 042 座 188 859 m，计 4 181 桥隧百换算米。

三、站段级单位

1. 集宁工务段。最前身为 1919 年成立的平绥新工总段，是集团公司历史最悠久的站段。下设 13 个科室、25 个车间、118 个班组，管辖线路地跨三省区，京包、唐包、集二、集通、京包客专、乌大高铁六线在此交会，是连接华北、东北、西北三大经济区的交通枢纽。

集宁工务段深入实施人才强企战略，建成涵盖工电供多专业综合环线、桥隧实物等 9 大实训场 21 个培训区，集食宿、教学、实战为一体的综合性培训基地，占地面积 40 850 m^2。坚持紧贴生产形势，练就精湛技能，常态化开展各工种实训和技术比武，为安全生产保驾护航。

2. 呼和浩特工务段。下设 11 个科室、19 个车间、101 个班组。以草原青城呼和浩特市为中心，东起卓资山、西至萨拉齐、南达准格尔，管辖京包客专、京包线、唐包线、呼鄂线 1 266 km 线桥设备。

针对管内涉及 4 市 10 区，铁路周边企业、村庄、学校复杂集中的外部环境形势，呼和浩特工务段以“主动上手、外防内控、三位一体、合力共防、依法维权”为手段，横向延伸，纵向巩固“双段长”机制优势，实施常态化检查、立体化监控、交叉式联防、互补式督办，先后完善健全相关制度措施、绘制防控示意图，组织参加各级联席会议，实现外部环境安全有人管、有序防、有效控。

3. 包头工务段：下设 13 个科室、20 个车间、80 个班组，以包头市为中心，管辖京包客专、唐包线、呼鄂线、包西线等 1 280 km 线桥设备，是内蒙古自治区中西部地区人员出行、物资外运的重要铁路通道。

段严格落实集团公司施工十六项管控措施等各项规章制度，详细制定施工组织方案,提前研判上下道位置、作业环境等风险因素,制定施工安全措施,并严格落实施工方案和“两图两表”逐级审查制度,加大逐级跟班、包保检查和视频跟踪、临时抽查管理力度,狠抓施工负责人、驻站及现场防护员等关键岗位标准化作业,确保了近年来施工安全平稳。

4. 乌海工务段:坐落于有“黄河明珠”美誉的乌海,设 11 个科室、17 个车间、65 个班组。管辖包兰线、乌吉线、海拉线、黄公线、西金线、临哈线、公锡线、乌联联络线等 662 km 线桥设备。

2023 年包银高铁建设全面展开,包头至惠农段正线全长 422.5 km,乌海工务段介入管辖 400.285 km,占全线长 94.7%。按照“尽早、深度、全程”介入原则,坚持“全过程、全覆盖、明职责、有依据、可追溯、严问责”监管理念,各级监管人员关口前移,从严务实,强化施工全过程管控,从源头防控施工安全风险。

5. 大板综合维修段:管辖 613.966 km 线桥设备,东起科尔沁草原,西至浑善达克沙地,横跨通辽、赤峰、锡林浩特三个盟市八个旗县区,是内蒙古自治区中东部地区人员出行、物资输送的重要铁路通道。下设工务车间 16 个、38 个班组。

作为集团公司独有的正线道口站段,大板综合维修段始终秉承“责任心+责任制+岗位标准=保障道口安全畅通”的工作理念,积极采取“人防、物防、技防”管控模式,使道口管理走上了规范化、常态化的轨道。随着复线扩能和电气化建设有利契机,大力协调加快推进道口平改立,从原来的 22 处道口变为现有的 6 处道口,逐步实现道口清零。

6. 锡林浩特综合维修段:以草原明珠锡林浩特市为中心,管辖集通线、塔锡线、锡二线、白浩线、虎丰线、锡乌线(锡林浩特北至海彦呼都格段)等线桥设备。下设工务车间 24 个、班组 66 个。

锡林浩特综合维修段管内有重点雪害地段 67 处/49.885 km,主要位于低矮路堑地段、长大路堑出入口。坚持“主动防范与应急处置相结合”的原则，采取“人防”（组建应急抢险队伍）+“物防”（配备应急机具及材料）+“技防”（实时监控）的措施，做到“以雪为令”，各司其职，积极开展应急处置工作，最大限度减轻大风降雪天气对生产运输的影响，实现防雪工作安全有效。

7. 呼和工务机械段：设 12 个科室、17 个车间、101 个班组，是集团公司唯一的营业线线桥设备大修和线路机械维修施工单位。主要承担集团公司管内外的换轨、换枕、机械清筛、线路捣固、道岔捣固、钢轨打磨、长钢轨运输、钢轨探伤等施工任务。

呼和工务机械段现有长轨车 4 列、宿营车 257 辆、轨道车 25 台，各类机械动力设备 972 台。管理清筛车、捣固车、钢轨打磨车、焊轨车等大型养路机械 9 大类共 142 台（含集通公司 35 台）。有呼和浩特和锡林浩特 2 个检修基地，呼和浩特基地建有检修库和定检停留库等 9 个生产用库房，承担本段、集通公司及大机公司共计 161 台机械车的年检维修保养任务。

8. 焊轨段：该段占地 25 万 m^2，建有两条钢轨焊接生产线，各类生产设备 241 台（套）。设职能科室 7 个、生产车间 4 个、生产班组 17 个。焊轨车间负责长钢轨焊接生产及配合长钢轨装车，线配车间负责异形轨加工及设备检修，运输车间负责钢轨装卸及车辆运输，内燃车间负责后勤保障等各类工作。

焊轨段主要为焊接钢轨和模压异型轨，可焊接轨种有 U75V、U71Mn（G）、U77MnCr、U78CrV、U76CrRe、美标 SS 等，轨型覆盖 50 kg/m、60 kg/m、68 kg/m、75 kg/m，承揽铁路线路大维修及建设用轨焊接任务。

9. 临河运营维修段：临河运营维修段成立于 2021 年 3 月 19 日，主要负责临哈铁路临额段及天策联络线客货运、行车组织和基础设备设施维修养护工作，同时负责临哈铁路额哈段车务和基础设备维修监管工作。设工务车间 6 个、班组 17 个。

临哈线临额段开通初期受沙害影响区段有 400 多公里，严重沙害区间占65%。多年来，采取因害设防、因地制宜、就地取材，以工程措施为先导，工程与生物措施相结合的治沙技术措施进行治理，沙害地段减少到了153.15 km，沙害限速地段从开通时的108 km减少到4.2 km，防沙治沙成效显著。

10. 林业总场：始建于1939年，原名"厚和苗圃"，设5个行政部门和1个党群工作部，下设5个车间、12个班组。是集团公司唯一从事铁路绿化、造林、治沙、工程设计、施工、管护和花卉服务的专业单位。

林业总场拥有各类机械设备108台，线路管护林木约123万株/735 km，苗圃地管护林木约60万株/106.56公顷。担负着集团公司东至孤山、西至巴彦高勒、北至赛汗塔拉共计1 352 km铁路沿线的造林及育林养护任务，在构筑祖国北疆铁路安全绿色屏障中发挥着重要作用。

第七节 电务系统

一、电务系统基本概况

电务部设6个职能科室，工电检测所设7个生产科室。管辖呼和电务段、包头电务段、呼和通信段及临河运营维修段、锡林浩特综合维修段、大板综合维修段、内蒙古铁路运营管理集团有限责任公司7个生产单位。

1. 呼和电务段

(1)组织机构。呼和电务段设职能科室13个，辅助生产机构2个。设生产车间19个、班组99个。段党委下设120个党(总)支部，其中：车间党总支19个，科室党总支1个，生产一线班组党支部

83 个，科室党支部 16 个，离退休党支部 1 个。

（2）设备情况。呼和浩特电务段共管辖京包线、京包客专线、唐包线、呼鄂线、集通线、集二线、朱日和军专线 7 条线路共计 113 个站的信号设备，管辖范围南起布尔陶亥、北至二连浩特、东起孤山、西至三卜素，全长 1 611.535 km。包括自动闭塞 1 185.163 km、半自动闭塞 125.646 km、自动站间闭塞 300.726 km，共计负责 2 402 组道岔、4 941 架信号机、6 089 个轨道电路及 596 台机车车载信号设备的维护管理任务，全段信号设备换算道岔组数 65 502.906 组。车载设备方面，共有 LKJ 设备 687 套、动车组车载 ATP 设备 34 套、轨道车 GYK 设备 189 台。

2. 包头电务段

（1）组织机构。包头电务段设行政职能科室 11 个，辅助生产机构 2 个。设生产车间 14 个、班组 83 个。段党委下设 85 个党（总）支部，其中：车间党总支（党支部）14 个，科室党总支 1 个，生产一线班组党支部 55 个，科室党支部 14 个，离退休党支部 1 个。

（2）设备概况。包头电务段共管辖京包客专线、唐包线、呼鄂线、包西线、包兰线、包白线、等多条干线及支线共计 143 个站的信号设备，东起唐包线 K913、京包客专 K600、呼鄂线 K147，西至包兰线 K423，南接新包西线 K177，北到包白线 K146，加上西东联络线、乌吉线、海拉线、包环线、东铜线、西金线、响大线、响四线、新上线等多条线路的支线信号设备及委管设备，信号设备维修里程共计 1 945 km，其中自动闭塞设备维修里程 852 km，半自动闭塞设备维修里程 1 051 km，自动站间闭塞 42km。共计 3 750 组道岔、6 510 架信号机、6 818 个轨道电路。共有 373 台机车（双节 260 台），GYK 设备 103 台，LKJ 设备 736 套。全段信号设备换算道岔组数 60 625.847 组。

3. 呼和通信段

（1）组织机构。呼和通信段设职能科室 11 个，辅助生产机构 2 个。下设 18 个车间，129 个班组。段党委下设 19 个党（总）支部，其中:车间党总支 18 个、科室党总支 1 个;班组党支部 100 个,科室党支部 13 个。

(2)设备情况。呼和浩特通信段承担着集团公司管内京包客专、京包线、唐包线、包兰线、集二线、包西线、集通线、塔锡线的通信线路和设备日常维护任务,总运营里程 5 200.296 km,包含京包客专线包头西至怀安(不含)420.842 km、唐包线包头东至友谊水库 426.819 km 运营里程、京包线台阁牧至孤山 275.238 km、包兰线包头东至惠农 423 km、呼鄂线台阁牧至鄂尔多斯 218.946 km、集二线集宁南至二连 335.61 km、包西线包头至新街 178.8 km、包白线包头西至白云鄂博 131.553 km、集通线贲红至哲里木 943.351 km、塔锡线锡林浩特至塔黄旗 416.013 km、锡二线海彦呼都格至伊拉勒延 351.248 km 以及海拉、黄公、乌吉等支线。其中,有线通信方面负责维护沿线 787 个通信机房的铁路专用通信设备,光电缆线路 3.5 万 km、492 238.79 皮长公里,其中,传输设备 1 751 套、接入设备 1 467 套、数据网路由器 692 套、数据网交换机 1 711 套、数调设备 335 套、电源 918 套,为 CTC/TDCS、TMIS、数调、轴温监测等专用系统提供传输电路、搭建信息通道,提供各系统、各单位音视频会议、电报电话、站车广播等通信服务,负责保障集团公司应急抢险通信和动、静图采集传输任务。无线通信方面包括 450 MHz 无线列调通信设备、GSM-R 通信设备、车载无线通信设备三部分,负责 2 363 台机车 CIR 设备、786 座通信铁塔、182 km 漏缆等设备的日常维护管理,450MHz 无线列调覆盖线路里程 2 713.5 km,GSM-R 覆盖线路里程 2 456.13 km。

4. 临河运营维修段电务专业情况

(1)组织机构。临河运营维修段电务专业设综合科室 7 个,辅助生产机构 2 个。设 5 个综合车间,5 个维修工队。段党委下设党总支 4 个,车间级党支部 16 个,班组级党支部 16 个。

(2)设备情况。信号专业:临策线(含天策联络线)总计 28 个车站，主要设备有电动(液)联锁道岔 195 组(电动 160 组，电液 35 组)，电转机 362 台，色灯信号机 457 架，轨道电路 519 区段，CTC 设备、机械室、计轴及监测设备各 28 套，总换算 5 397.177 道岔组数。通信专业：光缆线路 914.28 km，电缆线路 905.79 km，传输设备 71 套，接入设备 61 套，通话柱 412 个，数据网设备 27 套，无线车站设备 30 套，直放站设备 82 个、无线铁塔设备 92 座，数调分系统 27 套，高频开关电源设备 28 套等设备，总换算 10 231.1 皮长公里。

5. 锡林浩特综合维修段电务专业情况

(1)组织机构。锡林浩特综合维修段电务专业设职能科室 1 个，辅助生产机构 2 个，设生产车间 15 个、班组 31 个。段党委下设 18 个党(总)支部，其中：车间党总支 1 个，车间党支部 12 个，生产一线班组党支部 3 个，科室党支部 2 个。

(2)设备情况。锡林浩特综合维修段共管辖集通线、塔锡线、虎丰线、白浩线、锡乌线、锡二线、蒙虹专用线、锡东联络线、桑东联络线、桑北联络线、锡白联络线 11 条线路共计 59 个站(46 个车站，13 个中继站)的信号设备，管辖范围南起天桥镇站、北至锡林浩特、东起桑根达来东、西至曹不罕，全长 1 231.658 km。包括自动闭塞 576.548 km、半自动闭塞 268.398 km、自动站间闭塞 386.739 km，共计负责 947 组道岔、2 307 架信号机、2 679 个轨道电路及 77 台机车车载信号设备的维护管理任务，全段信号设备换算道岔组数 20 134.237 组。车载设备方面，共有 LKJ 设备 92 套(汗浩吉公司 15 台 HXD_1 电力机车 30 套 LKJ 设备)、轨道车 GYK 设备 54 台。

6. 大板综合维修段电务专业情况

(1)组织机构。大板综合维修段电务专业设职能科室 2 个，辅助生产机构 2 个。综合科室 10 个，设生产车间 5 个、班组 15 个。段党委下设 18 个党(总)支部，其中：车间党总支 4 个，车间党支部 2 个，生产一线班组党支部 8 个，科室党支部 4 个。

(2)设备情况。大板综合维修段管辖集通线范围西起中继

8站，东至哲里木站，全长615.917 km，管辖单线区段10个车站，共计93.730 km，自闭开通运营34个车站(含12个中继站)，共计525.187 km。负责集通线543组道岔、1514架信号机、1 659个轨道区段、2处道口及171台机车车载信号设备维护管理工作，全段信号设备道岔换算组数16 790.302组，其中车载设备3 754.74组，现场设备13 035.562组，共有LKJ设备189套、GYK设备6套。

二、设备情况

1. 信号设备。站(场)411个，其中车站333个(计算机联锁312站、电气集中联锁21站)、车场19个、驼峰场5个、中继站54个，换算道岔173 423组。其中，京包客专包头Ⅰ场至兴和北站采用CTCS-2级列控系统，唐包、京包、京包客专、呼鄂、包西、临哈、集二线共148站采用CTC调度集中系统。

2. 通信设备。通信机房967个(其中通信段787个、临河运营维修段50个、其他维管单位130个)，局内Ⅰ、Ⅱ级干线通信光缆共82条，累计长度21 797.82 km，累计光纤芯数1 968芯；通信传输网络系统29套，共有各类传输网元设备1 656台；铁路数据网共有设备1 370台套，网络安全设备19套，覆盖全局25条线路、500余站点、35个运输站段单位；GSM-R网络基站BTS设备433套，网络覆盖里程达2 889 km；450 MHz无线列调车站电台337套，覆盖里程达3 921 km。管内通信设备设施换算皮长公里总计449 151.96皮长公里。

3. 车载设备。集团公司配属机车共999台，其中，集团公司766台、集通公司233台。装备LKJ2000型列车运行监控装置和机车信号设备各1 506套，其中，集团公司1 273套、集通公司233套。配属CRH5A型动车组19列、CR200J型动车组7列，装备CTCS2-200C型列控车载设备38套，装备LKJ2000系统设备52套。装备轨道车GYK设备352套。

第八节　供电系统

一、系统概况

供电系统管辖 11 个单位，全系统 5 400 余人，其中管理和专业技术岗位 670 余人。供电部设 4 个职能科室，系统各单位共设科室 58 个，车间 80 个，班组 288 个。负责集团公司接触网、牵引变电、电力、配电、给水设备的运行与检修管理及轨道作业车的运用、检修管理，接触网检测与诊断技术管理，牵引变电、电力、配电设备验收交接、预防性试验及定值校核工作。其中，牵引供电设备：管辖接触网 9 436.78 条公里，牵引变电所 70 座，分区所 57 座，分区兼开闭所 7 座，开闭所 5 座，AT 所 9 座。电力设备：管辖 10 kV 高低压电线路 19 800.01 km，变配电所 87 座，变压器 3 919 台，箱变 1 058 座；35 kV 高低压电线路 1 649.21 km，配电所 15 座，变压器 334 台，箱变 20 座。给水设备：管辖供水管路 1 039.73 km，水源井 189 处，客车水栓 675 组。自轮运转设备：接触网作业车 135 台，其中，有动力 96 台，无动力 39 台。主要工种作业如图 3-20～图 3-23 所示。

图 3-20　接触网工检修接触悬挂

图 3-21　电力线路工检修作业

图 3-22 变电值班员倒闸作业　　图 3-23 多功能作业车接触网检修

二、机构设置

(一)供电部机构设置

供电部设 4 个职能科。安全教育科:负责供电系统安全管理、双重预防管理、标准化规范化建设、安全专项活动、事故故障管理、应急管理、技术规章管理,防洪防寒、消防、外部环境、专特运、职工教育培训以及部分综合性事务等工作。牵引供电科:负责供电系统牵引供电(含供电远动)专业管理、施工管理、信息化管理工作。水电科:负责供电系统电力、给水专业管理工作。动力设备科:负责供电系统接触网作业车运用、检修专业管理及技术攻关,牵头负责物资管理、大修更改、特种设备等工作管理。

(二)系统各单位机构设置及管辖设备情况

供电系统管辖 11 个相关生产单位,其中集团公司所属单位 6 个,分别是:呼和供电段、包头供电段、大板综合维修段、锡林浩特综合维修段、临河运营维修段、内蒙古铁路运营管理集团公司。运营委托管理单位 5 个:分别是中铁电化局运管公司呼和公司呼和浩特运营维管段、中铁电化局运管公司呼和公司大板供电维管段、中铁电化局运管公司呼和公司额济纳运营维管段、中铁建电化局南部铁路供电维管段、中铁六局电务维管分公司。具体情况如下:

1. 呼和供电段。设 13 个科室、21 个车间、82 个班组。管辖京包客专(台阁牧至怀安)、唐包线(小蒜沟至古营盘)、京包线(葫芦至台阁牧)牵引供电、水电设备,京包客专(台阁牧至怀安)、京包线(局界至台阁牧)、集二线、呼鄂线(台阁牧至大院东)、唐包线(局界至瓜房子)、集通线(贲红至线路所)电力给水设备。

2. 包头供电段。设13个科室、18个车间、70个班组。管辖京包客专(台阁牧至包头东)、包西线、响四线、公锡线、西东联络线、响大线(响沙湾至大塔北)、新上线(新街至新街西)、罕台川集装线、伊泰广联专用线、吴高线、铜匠川专用线、泊江海子专用线、包环线牵引供电设备;包白线、海拉线、黄公线、乌吉线、包环线、西金线、东铜线、新上线、响四线、响大线、乌锡线、白满、包石、包惠线、包西线、唐包线、京包客专线、呼鄂线、东乌联络线电力给水设备。请扫描二维码5观看《包头供电段简介》。

二维码5
《包头供电段简介》

3. 呼和浩特运营维管段:设13个科室、7个车间、53个班组。管辖京包客专线[包头东(含)至包头西(不含)]、京包线[葫芦(含)至古店(不含)]、唐包线[葫芦(含)至包头东(含)]、包兰线[包头东(含)至惠农(不含)]、包西线[包头(含)至达拉特西(不含)]、呼鄂线[台阁牧(不含)至大院东(不含)]、包白线[包头北(含)至昆都仑召(不含)]、集二线[集宁(含)]、包环线[包头东(含)至二道沙河(不含)]、黄公线牵引供电设备。

4. 南部铁路供电维管段:设9个科室、4个车间、21个班组。管辖呼鄂线大院东(含)至鄂尔多斯(不含)、新上线新街西(不含)至陶利庙(含)、响大线大塔北(不含)至大院东(含)、乌审旗南联络线、新上浩吉铁路联络线、陶利庙南联络线、大院东疏解线、乌兰陶勒盖专用线、中煤大牛地铁路专用线、晋煤点石沟铁路专用线、召壕铁路专用线、马场壕铁路专用线牵引供电设备。

5. 大板供电维管段:设5个科室、6个车间、17个班组。目前管辖集通线贲红至蒙根塔拉段。太锡铁路正蓝旗至锡林浩特段

204.379 正线公里，614.172 条公里。

6. 大板综合维修段：电力给水专业设水电科 1 个、水电车间 6 个、班组 12 个；管辖集通线（K331＋570 至哲里木间）水电设备。

7. 锡林浩特综合维修段：电力给水专业设水电科 1 个、水电车间 5 个、6 个综合车间（含水电专业）、班组 21 个。管辖集通线（贲红至赛音呼都格）、锡二线（锡林浩特北—海彦呼都格）、锡乌线（海彦呼都格—包门陶勒盖）、塔锡线、白浩线、虎丰线水电设备。

8. 临河运营维修段：电力给水专业 1 个综合维修技术中心（含水电专业）、5 个综合车间（含水电专业），5 个班组。管辖临策线水电设备。

9. 额济纳运营维管段：电力给水专业设 1 个水电技术科、4 个综合车间（含水电专业）、1 个水电修试车间，4 个班组。管辖额哈线（额济纳至明水）水电设备。

10. 内蒙古铁路运营管理集团公司：电力专业 1 个基础技术中心（含水电专业管理），2 个综合车间，3 个班组。管辖新上线、响大线水电设备。

11. 中铁六局电务维管分公司：管辖响四线电力设备。

三、工作开展

（一）人身安全管控

在人身安全管控方面，采取“三个必验、四项预防、五项排查”整治措施，针对性加强现场人身安全风险管控。

1. 固化“三逢三必验”工作法防止高低压触电。针对近年来全路供电系统典型事故，梳理总结“三逢三必验”工作法。一是凡登杆检修设备前必须进行二次验电，电力电杆装设“一米验电”警示标识，防止误登杆触电。二是作业人员配备便携式高压验电器和低压验电笔，接触设备前必须进行二次验电，防止高低压触电。三是站场及复杂区段接触网固化接地线位置，现场实施精准验电、先验后挂。将上述直观明了的防控措施固化到《从业人员作业安全控制措施》和相关管理制度，在防控高压触电方面取得良好效果。

2. 固化“四项措施”防电力作业感应电伤害。一是组织编制了电力检修作业防感应电作业指导书。二是电力作业区段两组接地线间距不得超过 500 m。三是全面摇测设备接地，对接地电阻不达标处所进行整治，重点区段增设接地极，提高接地保护可靠性。四是推广使用带接地针的个人安保小封线，对作业人员进行多重保护。通过实施以上“四项措施”，有效防止电力作业感应电伤害事故的发生。

3. 固化巡视排查“五种方法”，防止电力倒杆伤人。研究制定并固化供电杆塔巡视排查及状态确认方法。一是通过激光测量、“3 米埋深标识”比对确认电杆埋深；二是检查拉线、抱箍、楔形线夹、下锚埋深、锈蚀等，根据状态和季节温度变化及时整治；三是针对邻近便道及施工地段，设置电杆、拉线防撞、防挂硬隔离防护措施；四是对裂纹电杆张贴禁攀标识，明确应急情况下吊斗车辅助作业措施；五是对下湿地上拔电杆采取下放、培土或制作水围子等方式，保证电杆埋深。

(二)施工安全管理

在施工安全管理方面，制定一本手册，围绕三个防控，全面加强邻近施工现场管控。针对集通、锡太线电气化改造，集大原并行接入、包银高铁全线全面开工、上跨下穿、交叉转体等邻近施工多、对供电设备运行安全造成的影响大，组织编制了《供电系统邻近营业线施工管理现场防控措施》，印成“口袋书”配发至管理层、车间班组及现场监管人员，针对邻近施工潜在安全风险，围绕进场准入、监管范围、设备防护等环节，从三个方面(即：防机械碰撞供电设备、防机械侵入设备和行车安全限界、防监管人员监管失效)加强施工现场关键环节管控。为监管人员配备智能安全帽和对讲手机等音视频采集、回传设备，方便调度及各级管理人员不定时抽查，强化施工现场监管、监控。建立日施工对接交底、分时段施工准入制度，针对施工内容、机械类型数量、周边环境、设备分布等，按地点研判安全风险并制定措施，指导现场加强防控，有效保证了邻近施工安全。

（三）应急供电保障

在应急供电保障方面，强化软硬件建设，提升供电应急保障能力。吸取丰沙线水害教训，通过加强硬件设备设施投入、划小单元灵活应急供电、储备应急保障物资、应急演练锻炼队伍等方式，确保供电安全可靠。积极与工务、运输部门联系，结合历年来水文地质资料和汛期防洪管理情况，排查山区易发生水害的区段，在原有基础上，新购置 1 台 1 250 kW 应急发电车和 19 台 100 kW 应急发电机，满足特大灾害情况下集团公司调度指挥和枢纽地区、大型站场、山区车站应急供电需求；接触网供电臂设置隔离开关和小供电单元，故障时通过迂回供电、越区供电方式快速恢复供电；在配齐应急工料具基础上，按照满足常驻人员 10 天生活需求标准，为山区车间、工区、变配电所配备应急后勤保障物资；结合设备运营管理实际和季节性特点，定期组织开展针对性应急演练，总结分析、整改问题，提高队伍素质和应急处置能力。接触网断线接续演练如图 3-24 所示。

图 3-24　接触网断线接续演练

第九节 房建系统

一、整体概况

土地房产部是集团公司房建公寓系统的业务主管部门，负责土地、住房管理等方面工作推进落实。对集团公司所辖呼和、包头房建公寓段运输房建设备运维、焚火供暖等安全生产工作部署以及行车公寓、单身公寓、招待所等业务开展进行管理、指导和督办。代表集团公司依照有关法律、法规和政策对房建设备资产统一归口管理，对铁路用地资源统一规划使用，制定和执行集团公司房产管理相关政策并组织监督检查。

土地房产部下设房建科、公寓科、房产管理科、土地管理科 4 个业务科室，设集团公司房产管理所（土地办公室）1 个附属职能机构。房产管理所（土地办公室）下设综合室，大维修室，房管室，土地监察室，包头、集宁、临河 3 个地区房产管理分所和呼和、包头、乌海、临河、集宁、鄂尔多斯 6 个土地管理分室。

二、房建系统简介

1. 工作内容

截至 2024 年初，房建专业负责管理维护总量 1 020 余万 m^2 的集团公司运输房建设备，其中集团公司房建设备 550 余万换算平方米、合资公司房建设备 460 余万换算平方米，房屋设备检修如图 3-25 所示；负责存量平房住宅近 9 万 m^2 的检修维护；负责集团公司 260 余万 m^2 房屋的供暖工作，焚火供暖如图 3-26 所示。

图 3-25　房屋设备检修

图 3-26　焚火供暖

公寓专业负责集团公司 28 个行车公寓、10 个招待所(宾馆)、21 个单身公寓的食宿接待任务。行车公寓年均接待乘务人员住宿 72 万余人次,食堂完成销售额 1 500 余万元;招待所(宾馆)年均接待宾客住宿 8 万余人次,实现经营收入 1 200 余万元;单身公寓住宿 4 000 余人次,公寓接待如图 3-27 所示。每年生活保障车进出艰苦线路 50 余趟,为临策线各站点运送桶装水近 3.6 万桶、生活用水近 1.8 万 t、蔬菜副食近 25 万斤,配送物资如图 3-28 所示。

土地专业负责开展土地监察和铁路沿线环境整治,铁路用地资产处置和土地综合开发工作,以强化铁路用地管理基础为重点,规范管理,创新进取,铁路用地管理工作实现科学有序发展。目前集团公司用地总面积 1.5 万余公顷,合资公司铁路用地总面积为 2.7 万余公顷。

图 3-27　公寓接待

图 3-28　配送物资

房产专业对集团公司 9 万余户住宅实行信息化动态管理，推进房产证办理进度，积极与各地方政府相关部门协调住房确权工作，商谈解决的办法，逐一化解遗留问题，近年来办理集团公司住宅不动产权证近 7 万户。

2. 队伍建设

集团公司土地房建公寓系统现员 1 800 余人，党员近 900 人，占比约 48%。其中土地房产部现员 60 余人，党员 50 余人，占比约 85%；中高级以上职称近 50 人，占比约 72%。基层站段现员近 1 800 人，党员 800 余人，占比约 47%。呼和、包头房建公寓段于 2023 年 4 月按照集团公司房建生活系统一体化管理改革要求，纳入运输站段管理，是集团公司房建公寓专业各项工作的落实单位，主要从事全局房屋设备更新改造、大修、维修、焚火供暖、乘务员接待、公共设施维修管理等后勤服务工作。

三、站段简介

1. 呼和房建公寓段。负责京包客专线、京包线、唐包线、呼鄂线、集通线、集二线、桑多线等 2 799 km 营业里程的房屋设备更新改造、大维修，焚火供暖，服务接待，房屋租赁等工作。房建设备总量 540 余万换算平米，供热面积 130 余万 m^2。段设置 9 个职能科室，21 个生产车间；干部职工近 1 600 人，其中在册 1 100 余人，其他用工 400 余人，党员 500 余人，占比约 48%。

2. 包头房建公寓段。负责京包客专、包兰线、唐包线、呼鄂线、包西线、包白线（昆白段）、包满线（白满段）、包环线、临哈线、天策线、西金线、海拉线、黄公线、乌吉线、包石线等 2 153 km 营业里程的房屋设备更新改造、大维修，焚火供暖，服务接待，房屋租赁等工作。房建设备总量近 320 万换算平米，供热面积近 80 万 m^2。段设置 9 个职能科室，13 个生产车间；干部职工 950 余人，其中在册 670 余人，其他用工280余人，党员300余人，占比约45%。

四、工作开展

近年来，呼和、包头房建公寓段正式纳入运输主业序列管理，生产布局得以优化细化，以更高标准推进安全生产各项工作，提升寓乘接待服务质量。一是按照“技术＋生产”的模式重组机构，设立房建检测和维修中心、生产调度监控中心，有序推进“一科两中心”建设和运作。二是全面铺排集团公司房建设备大普查工作，分组、分片、分线、分站推进房建设备技术状态、安全隐患巡视检查工作，及时发现房建设备病害，建立基础大数据库。三是推进供暖专项整治，完成全局供热情况调研报告，提出在全局管内开展供暖设备阶段性专项整治行动的建议方案并牵头组织实施，不断提升供暖服务基础设施质量。四是持续推进“三线”建设及重点民生项目工作，切实解决一批基层职工急难愁盼问题，改善一线生产、生活环境及卫生条件。五是公寓高标管理，服务品质大幅提升，通过行车公寓改扩建，优化公寓服务设施和功能，打造明亮舒适温馨的“宾馆式”公寓服务；启用乘务员就餐电子信息化管理系统，利用线上点餐模式让乘务员方便就餐，节省宝贵休息时间。请扫描二维码6观看《沙漠里的深夜食堂》。

二维码6
《沙漠里的深夜食堂》

第四章

铁路建设

第一节 铁路建设概况

目前,集团公司管内在建项目 5 项,其中局管项目 3 项,建设规模 1 287.699 km,投资 196.9 亿元。分别为集宁至通辽铁路电气化改造工程、太子城至锡林浩特铁路内蒙古段、新建鄂托克前旗至上海庙铁路。蒙冀公司代建项目 2 项,建设规模 474.5 km,投资 540.4 亿元。分别为新建集宁经大同至原平客运专线内蒙古段、新建包头至银川高铁内蒙古段。

拟建项目 3 项,建设总规模 866 km,投资总规模 546 亿元。其中,临哈线临额段 685 km,投资估算 228 亿元;包鄂榆铁路 181 km,投资估算 314 亿元;鄂尔多斯铁路物流基地投资 3.97 亿元。

第二节 重点建设线路

(一)集宁至通辽铁路电气化改造工程

1. 工程概况

集通线自集二线贲红站引出,东至哲里木站,既有线全长 943.313 km,改造后线路全长 923.661 km。主要技术标准:国铁Ⅰ级双线铁路,限制坡度 13‰,最小曲线半径 800 m,电力牵引,牵引质量 5 000 t,到发线有效长度 1 050 m,自动闭塞。可研批复总投资 132.22 亿元,初步设计批复总概算 126.28 亿元,贲红—蒙根塔拉 435.056 km、大板—哲里木 339.524 km 现状电化工期 24 个月,蒙根塔拉—大板 149.081 km 扩能改造工期 48 个月,2020 年 9 月 28 日先期控制性工程开工建设,2021 年 4 月 5 日全线开工建设,贲蒙段贲红—好鲁库段 2023 年 2 月 27 日开通,好鲁库—蒙根塔拉段 2023 年 11 月 20 日开通,计划 2024 年 9 月底开通全线电化。

2. 工程推进情况

目前该项目路基土石方开累完成 1 522.9 m^3,完成设计的 88%;桥涵桩基开累完成 4 898 根,完成设计的 97.7%,承台开累完成 549 个,完成设计的 93%,墩台身开累完成 504 个,完成设计的 84.5%;涵洞开累完成 252 个,完成设计的 95%;隧道开挖开累完成 21 262 m,完成设计的 99.6%;轨道工程开累完成 93.3 km,完成设计的 47.3%;通信长途干线光缆敷设开累完成 1 064.3 km,完成设计的 75.7%;信号电缆敷设开累完成 29 467.41 km,完成设计的 41.3%;电力电缆敷设开累完成 391.632 km,完成设计的 93.4%;接触线架设开累完成 2 215.6 km,完成设计的 85.6%;新建旅客站房开累完成 4 600 m^2,完成设计的 80.8%;梁场预制 T 梁开累完成 1 742 片,完成设计的 88.2%;架梁开累完成 1 238 片,完成设计的 62.7%。

(二)太子城至锡林浩特铁路内蒙古段

1. 工程概况

太锡铁路位于河北省张家口市和内蒙古自治区锡林郭勒盟境内。线路南起崇礼铁路太子城站,进入锡林郭勒盟境内经太仆寺旗、正蓝旗、阿巴嘎旗,北讫塔锡线锡林浩特站。线路全长 394.169 km,工程投资总额 127.13 亿元。太锡铁路内蒙古段总长 260.955 km,其中:新建崇礼至黑城子(不含)内蒙古段,正线长度 20.111 km;黑城子(含)至锡林浩特(含)段电气化改造,正线长度 240.844 km。可研批复总投资 127.13 亿元(全线、含河北段),初步设计批复总概算 41.9 亿元(内蒙古段),设计工期 3.5 年,2022 年 12 月 8 日开工,锡林浩特至正蓝旗电气化改造于 2023 年 10 月 1 日开通,正蓝旗至局界段随北京局计划于 2026 年 6 月开通。

2. 工程推进情况

目前该项目路基土石方开累完成 1 522.9 m^3,完成设计的 88%;桥涵桩基开累完成 4 898 根,完成设计的 97.7%,承台开累完成 549 个,完成设计的 93%,墩台身开累完成 504 个,完成设计的 84.5%;涵洞开累完成 252 个,完成设计的 95%;隧道开挖开累完成 21 262 m,完成设计的 99.6%;轨道工程开累完成 93.3 km,完成设计的 47.3%;通信长途干线光缆敷设开累完成 1 064.3 km,完成设计的 75.7%;信号电缆敷设开累完成 29 467.41 km,完成设计的 41.3%;电力电缆敷设开累完成 391.632 km,完成设计的 93.4%;接触线架设开累完成 2 215.6 km,完成设计的 85.6%;新建旅客站房开累完成 4 600 m^2,完成设计的 80.8%;梁场预制 T 梁开累完成 1 742 片,完成设计的 88.2%;架梁开累完成 1 238 片,完成设计的 62.7%。

(三)新建鄂托克前旗至上海庙铁路

1. 工程概况

鄂上线位于内蒙古自治区鄂尔多斯市鄂托克前旗境内,途经敖勒召其、大沙头、漫水塘、三道泉、特布德,西止上海庙西站,正线全长 114.683 km,其中新建线路 103.083 km,利用既有线路 11.600 km;含上海庙地区相关工程。近期开放鄂托克前旗、漫水塘、特布德、上海庙东、上海庙西等 5 个车站。可研批复总投资 29.5 亿元,初步设计批复总概算 28.72 亿元,建设工期 1.5 年,暂未开工建设。

2. 主要工程量

全线土石方 1 576.85 万 m^3;大桥 4 座/976.88 m、中桥 2 座/195.77 m;正线铺轨 104.83 km、站线铺轨 34.66 km、铺道岔 71 组;生产生活房屋 3.03 万 m^2。

(四)新建集宁经大同至原平客运专线内蒙古段

1. 工程概况

新建集宁经大同至原平铁路集大段位于内蒙古自治区、山西省境内,线路自张呼高铁乌兰察布站起,经内蒙古自治区乌兰察布市、丰镇市进入山西省大同市,线路全长 122.9 km,设计速度 250 km/h,基础设施预留 300 km/h 条件。可研批复总投资 339.3 亿元(全线、含山西段),初步设计批复总概算 141.575 亿元(内蒙古段),建设工期 4 年。

公司代建范围线路长度为 70.991 km,其中,正线路基 20.387 km,占线路总长的 29%;桥梁 42.921 km/23 座,占线路总长的 60 %;隧道 7.683 km/3 座,占线路总长的 11%;全线设乌兰察布站、丰镇西站

2 座车站,其中乌兰察布站为既有高铁站。项目批复概算 87.94 亿元,2021 年 11 月站前工程开工建设,预计 2024 年年底开通。

2. 工程推进情况

路基区间土石方设计 652.99 万 m^3,完成 611.486 万 m^3,完成 93.6%。全线特大桥、大桥、中桥共 23 座,已全部开工。钻孔桩基础设计 12 015 根,完成 12 015 根,完成 100%;墩台身设计 1 505 个,完成 1 505 个,完成 100%;制架梁设计 1 369 孔,制梁累计完成 1 369 孔,完成 100%,架梁累计完成 1 368 孔,完成 100%。隧道 3 座,共计 7 683 m,合计开挖掘进 7 098.7 m,占全线隧道总长的 92.4%。

(五)新建包头至银川高铁内蒙古段

1. 工程概况

新建包头至银川高铁包头至惠农段位于内蒙古自治区、宁夏回族自治区境内,线路沿包兰铁路新建双线,经内蒙古自治区包头市、巴彦淖尔市、鄂尔多斯市、乌海市进入宁夏回族自治区石嘴山惠农区,线路全长 420.25 km,设计速度 250 km/h。可研批复总投资 477.2 亿元,初步设计批复总概算 439.89 亿元,建设工期 4 年。

公司代建范围线路长度为 402.808 km。其中:正线路基 251.776 km,占线路总长的 62.5%;桥梁 138.937 km/90 座,占线路总长的 34.5%;隧道 12.095 km/1 座,占比 3.0%;项目设包头站、白彦花西站、乌拉特前旗西站、五原东站、临河西站、磴口西站、碱柜站,乌海海勃湾站、乌海南站共 9 个车站,其中包头站为既有车站;项目批复概算为 407.08 亿;2022 年 4 月 15 日站前工程开工建设,其中包头—临河段力争 2024 年年内建成,计划 2026 年 4 月 15 日全线开通。

2. 工程推进情况

路基累计完成 3 337.06 万 m^3,完成 79%;桥梁桩基完成 39 303 根,完成 98%;墩台完成 4 159 个,完成 96%;箱梁预制完成 3 391 孔,完成 84.6%;架设完成 2 731 孔,完成 68.1%;隧道设计 12 095m/1 座,其中斜井 2 084.6m/2 座,已贯通,正洞累计开挖 6 777.8m,完成 56%;临河西站、乌海海勃湾站站房主体工程已完成。

第五章

科技与信息化建设

第一节　科技创新

一、集团公司科技创新工作发展概况

科技创新是高质量发展的核心驱动力。新时代十年以来，集团公司坚持以习近平新时代中国特色社会主义思想为指导，深入贯彻落实习近平总书记关于科技创新的重要论述和对铁路工作的重要指示批示精神，认真贯彻国家创新驱动发展战略和国铁集团工作部署，坚持面向铁路建设运输主战场，面向服务内蒙古自治区完成好“五大任务”和全方位建设“模范自治区”两件大事，充分发挥铁路局集团公司技术创新需求和应用主体作用，深化铁路科技领域改革，不断夯实创新基础，健全完善科技管理机制，加快构建现代化铁路科技创新体系。坚持以运用需求为牵引，广泛联合优势科研力量，紧密围绕保安全、促生产、创效益、强管理等中心工作，持续推进重点技术领域应用型技术攻关，取得了一批原创性、实用性、经济性的创新成果，为集团公司高质量发展提供了有力科技支撑。

(一)集团公司科技管理体系建设

1. 科研管理机构

(1)中国铁路呼和浩特局集团有限公司科学技术委员会(以下简称集团公司科委)

集团公司科委是集团公司科技工作的领导决策机构，负责贯彻执行国家、国铁集团、内蒙古自治区科技方针、法律法规、政策，制定集团公司科技发展规划，审定集团公司年度科技研究开发计划、年度科研经费预算，对课题进行管理和监督。集团公司科委各成员单位根据职责和业务需求负责本部门(专业)科技创新指导、协调、保障工作。

(2)集团公司科学技术委员会办公室(以下简称集团公司科委办)

集团公司科委下设集团公司科学技术委员会办公室。集团公司科技和信息化部(总工程师室)承担集团公司科委办日常工作,是集团公司科技创新工作归口管理部门。负责提出集团公司科技发展规划、年度科技研究开发计划、年度科研经费需求计划建议。组织集团公司科研计划立项、经费预算评审及实施过程监督、科研计划课题结题验收、科技成果评价、科技成果示范性推广和应用转化、科技进步奖励、增收节支合理化建议和技术改进奖励评审表彰等工作;归口管理科技创新知识产权工作。

2. 集团公司科技研究开发计划(以下简称集团公司科研计划)管理

集团公司科研计划是集团公司发展规划的重要组成部分,是集团公司科技发展规划的年度实施计划。着力解决集团公司生产经营中的关键共性难题及重点技术问题,包括具有全局、战略意义的铁路新技术、新装备、新材料、新工艺、新工装、新机具的研究、开发、试验,铁路企业标准及施工工法的研究制定,基础理论和管理科学的研究等内容。

集团公司科研计划按管理方式分为科研课题、科研试验和科研专项。科研课题包括重大课题、重点课题、软科学课题、自筹经费课题四类。

为加强科技创新人才培养,集团公司鼓励并优先推荐铁路"百千万人才"、集团公司"千人工程"人才承担集团公司科研计划重大课题,鼓励支持优秀青年人才承担科研课题,积极搭建青年职工成长成才、创新创造平台。

3. 集团公司科研计划课题结题验收

集团公司科研计划课题结题验收工作是科研管理的重要组成部分,按照科研课题合同约定,综合考察课题任务完成情况、经费管理使用情况、研究成果创新性和可用性、预期效益等内容。课题结题验收工作包括单位验收、形式审查 、专家验收三个阶段。课题结题验收结论作为科技进步奖励、科研立项、科研经费支持、人才评价的重要参考条件。

4. 集团公司科技成果评价

集团公司科技成果评价是指集团公司科委根据科技成果主要完成单位的申请，按照规定的程序和要求，运用科学、可行的方法，对铁路专用信息技术、新产品的技术水平和实用价值所进行的评价。科技成果评价包括方案评审、试用（或试验）评审和技术评审等环节。集团公司科技和信息化部（总工程师室）负责归口管理集团公司科技成果评价工作。

（二）党对科技工作的领导

1. 集团公司科技创新大会

2020 年 10 月 15 日至 16 日，集团公司党委、集团公司组织召开了集团公司科技创新大会（图 5-1），会议总结党的十八大以来集团公司科技创新工作，分析了集团公司科技发展形势，明确了“十四五”集团公司科技创新工作的总体要求和基本工作思路，部署了集团公司深化科技改革及“十四五”科技工作重点任务。

图 5-1　2020 年集团公司科技创新大会

以科技创新大会召开为契机，为加强党对科技工作的领导，适应新时代铁路科技创新工作发展需求，2021 年集团公司优化调整了集团公司科委组成，为充分发挥集团公司科学技术委员会科技管理

二维码 7
《创新之路》

工作职能提供了有力的组织保证。集团公司科技创新情况请扫描二维码 7 观看《创新之路》。

2. 科技交流与合作

新时代十年来，集团公司科技创新工作坚持自主创新、协同创新、联合创新相结合，广泛开展与铁路科技创新联盟单位、集团公司战略合作单位、高等院校、铁路科研院所、铁路技术装备制造企业科研合作，凝聚优势科研资源和力量，促进开放协同创新，形成攻坚合力，一大批科研合作项目在现场广泛应用，推动集团公司技术装备水平和自主创新能力提升的同时，实现了优势互补、互利共赢。

二维码 8
《向新而行》

加强学术交流，促进创新型企业建设。集团公司积极参加国铁集团、中国铁道学会、内蒙古自治区举办的各类技术交流研讨，利用好《北方铁道》《物流时代 · 资源与物流》等学术刊物、中国国际现代化铁路技术装备展览会等展示平台，开展学术交流、成果展示推介工作。集团公司铁路技术装备情况请扫描二维码 8 观看《向新而行》。

(三)科研成果

经过多年不懈努力，一大批饱含广大科研人员辛勤汗水的科技创新成果应用到集团公司运输生产实际，有效提升了运输安全保障能力、技术装备水平和经营管理效能，科技在促进高质量发展中的支撑保障作用进一步凸显。

(四)科技工作展望

科技是第一生产力、人才是第一资源、创新是第一动力。站在新时代的历史起点，时代需要新的作为，集团公司科技工作将在集团公司正确领导下，聚焦现代化铁路科技创新体系建设目标任务，深化铁路科技领域改革，更好发挥集团公司科技创新需求和应用主体作用，坚持面向服务国家重大战略和内蒙古自治区完成好“五大任务”和全方位建设“模范自治区”两件大事，面向铁路建设运输主战场，面向铁路技术前沿，持续推进应用型技术攻关和产业化应用，加快数字新技术智慧赋能，全面建设数字呼铁，完善科技创新组织体系，健全科技创新体制机制，充分激发科技创新潜力活力，不断提升集团公司科技自主创新能力，为建设以“八快八新”为显著特征的现代化呼铁，勇当服务和支撑中国式现代化建设“火车头” 提供强有力的科技支撑。

二、科技管理相关概念

1. 集团公司科技创新知识产权管理

集团公司科技创新知识产权是指集团公司投资或主要依托集团公司提供的物质技术条件组织实施的科研计划课题所产生的专利、科技成果类著作权(包括科研报告、论文、图纸、集成电路布图设计、计算机软件、技术标准等)、互联网域名、技术秘密等。集团公司科技和信息化部(总工程师室)归口管理集团公司科技创新知识产权。

2. 集团公司科技进步奖励

为表彰在铁路科学技术活动中做出突出贡献的集体和个人，调动广大科技人员的积极性和创造性，提高集团公司自主创新能力，集团公司设立集团公司科技进步奖，对在集团公司科学技术活动中的技术开发类、重大工程类、社会公益及软科学类成果进行科技进步奖励。集团公司科技进步奖励设立特等奖、一等奖、二等奖、三等奖、优秀奖五个等级，颁发奖励证书和奖金，奖励证书实行限额发放。

3. 集团公司科技成果示范性推广

科技成果示范性推广是指对科学研究与技术开发所产生的具

有实用价值的科技成果所进行的后续试验、开发、应用、推广，直至形成新技术、新产品、新材料、新设备或发展成为新产业所进行的系列活动。

4．集团公司科研课题绩效后评估

科研课题绩效后评估工作是指科学、系统地对课题成果转移转化、应用推广以及产生的经济社会效益、影响和可持续性进行客观分析和检验总结。

第二节　信息化建设

经过多年积累发展，集团公司信息化建设取得了显著成绩，集团公司信息化应用覆盖范围不断扩大，应用水平进一步提高，资源共用、信息共享程度逐步增强，运输生产更加有序，客货服务更加便捷。信息化在运输组织、安全生产、客货服务、经营管理、建设管理等领域发挥了重要支撑作用。

一、信息基础设施不断完善

2017 年新建了 1 500 m^2 标准化中心机房，机房建设严格按照国家、铁路行业信息机房建设标准实施，机房供配电系统、空气调节系统、设备监控管理系统、安全防护系统等能力显著提升。

初步建成集团公司超融合企业私有云平台，信息系统上云率达50％以上，实现服务器、存储等基础资源统一管理、弹性扩展、按需调配，快速满足业务发展需求。

二、综合信息网承载能力明显增强

集团公司与下属各站段之间综合信息网的网络通道由传统通

信传输方式，升级为“两网融合”方式，目前集团公司与国铁集团之间、集团公司与下属100余个车站之间完成了“两网融合”工作。集团公司上联国铁集团为千兆带宽，集团公司下联各站为百兆带宽，全局综合信息网骨干带宽资源能够保障各类信息化应用数据传输，缓解了以前通道质量不稳定、网络带宽资源紧张情况。

在车间班组等基层单位网络方面，集团公司利用“最后一公里”通信通道建设的机会开展车间班组的通道改造，现已完成电务、通信、工务、供电专业的大部分车间班组网络通道升级。

三、信息化应用建设有序推进

按照国铁集团统一部署，逐步实施了调度系统5.0、集中式现在车系统、铁路运输信息集成平台、货运票据电子化、电子客票、机务管理信息系统、数字口岸系统、铁路业务网络安全一体化保障工程等全路性应用系统，提升了运输生产、客户服务等方面的信息化水平。

同时，针对集团公司运输生产实际，充分发挥集团公司信息化人才队伍专业技术和业务能力，自主研发了旬日历装车方案系统和自动批系统、客车整备一体化、工电系统生产办公信息化平台、营业线施工方案网上审查、集团公司应急救援指挥平台、企业微信平台、高铁智能综合调度系统等一批信息系统，涵盖集团公司战略决策、经营开发、运输生产、资源管理建设管理、综合协同等各方面，在集团公司生产实践中发挥了重要作用。

四、网络安全防护能力明显加强

综合信息网补强了站段防火墙设备、完善了安全防护策略，部署了网络管控平台和安全检测平台，全天候实时监测综合信息网络；外部服务网补强了防火墙、入侵防御、流量控制等防护设备。

建立网络安全等级保护长效机制，开展信息系统等保定级、备案、测评及整改各项工作。加强网络安全培训和普及宣传，提高全员网络安全意识和安全防护能力。加强网络安全监控，强化信息安全通报，识别网络安全风险，快速发现网络安全问题，及时开展预警处置。提升网络安全事件应急处置能力，健全应急机制、明确应急措施、完善应急预案、确保快速响应、及时恢复。

五、信息化管理不断规范

2019 年集团公司成立了网络安全和信息化领导小组，网信工作由网络安全和信息化领导小组统一领导。

建立健全了规章制度，修订了信息系统运行维护管理办法、信息化项目建设管理办法、网络安全管理办法等管理办法，制订了信息化工作管理办法、网络安全应急预案、网络安全事件调查处理和定责考核管理办法、互联网接入使用管理等信息化及网络安全相关的规章制度，明确了信息化管理部门、业务管理部门、信息技术部门在建设管理、运维管理、网络安全管理等中的职责分工和工作流程，信息化治理能力得到进一步增强。

六、发展展望

为贯彻落实党中央、国务院和国铁集团关于网络安全和信息化工作的决策部署，集团公司制定并发布了《中国铁路呼和浩特局集团有限公司“十四五”网络安全和信息化规划》。集团公司将持续构建一体化的现代信息基础设施，优化整合业务领域信息系统、深化完善网络安全体系和信息化治理体系。到 2025 年，建成融合 IPv6、5G 的高速、安全、泛在的新一代信息网络，各业务领域与数字技术深度融合，网络安全防护能力得到全面增强，信息化治理体系和治理能力现代化水平显著提升，客户服务、生产经营、开放共享能力迈上新的台阶，网络安全和信息化为集团公司高质量发展提供强有力的支撑。

第六章

保险保障

第一节　完善的保险体系

一、医疗保险

(一)基本和大额医疗保险

根据国家和自治区相关政策法规,城镇所有用人单位,包括企业(国有企业、集体企业、外商投资企业、私营企业等)、机关、事业单位、社会团体、民办非企业单位及其职工,都要参加基本医疗保险和大额医疗保险。1999 年 6 月,原铁路局成立医疗保险中心,2000 年 12 月正式以“基金自收自支、封闭运行”的模式,参照内蒙古自治区本级医保政策开展医疗保险工作,同时建立了企业补充医疗保险和大额医疗保险。2016 年 1 月 1 日,按照国家、自治区和铁路总公司要求,将我局自行管理的职工基本医疗、工伤和生育保险基金纳入财政专户,统一移交内蒙古自治区本级管理。目前,中国铁路呼和浩特局集团有限公司作为自治区本级参保单位,执行自治区本级基本医疗保险、大额医疗保险有关政策。集团公司社会保险部负责办理集团公司参保职工医疗保险的相关业务。

随着经济社会发展,基本医疗保险费率由自治区人民政府做出相应调整。基本医疗保险费由参保单位和参保人员共同缴纳。按照自治区本级城镇职工基本医疗保险现行政策,参保单位上年度(业务年度)职工工资总额的 7%缴纳,参保职工按本人上年度(业务年度)工资收入的 2%缴纳;退休人员个人不缴纳基本医疗保险费。职工个人缴纳的基本医疗保险费,全部计入个人账户,参保缴纳的基本医疗保险费,全部用于建立统筹基金。退休人员医保个账户按 2021 年自治区平均基本养老金 3 272 元的 2%划入,所有退休人员均为 65.44 元。

参保职工基本医疗保险年度住院费用最高支付限额为20.5万元，支付比例为85%～98%。

参加基本医疗保险的单位和职工必须参加大额医疗保险。大额医疗保险缴费标准为每人每年100元（含退休人员），由用人单位缴纳，职工大额医疗保险年度最高支付限额为10万元，支付比例为97%；大额补充医疗保险费（人保健康商业保险）包含在职工大额医疗保险缴费内，不需要单独缴纳，内蒙古自治区医疗保险服务中心委托呼和浩特人保健康公司管理，职工大额补充医疗保险年度最高赔付限额为12万元，支付比例分别为35%和75%。

（二）职工生育保险

中国铁路呼和浩特局集团有限公司参加内蒙古自治区本级生育保险，生育保险合并基本医疗保险统一缴费，按照参保单位上年度（业务年度）职工工资总额的0.5%缴纳。

女职工分娩、流产、节育或绝育手术发生的符合医保政策范围内有关规定的住院医疗费用，不设置待遇起付线，由基本医疗保险基金据实支付。

妊娠期、分娩期、产褥期内发生的符合医保政策范围内有关规定的门诊产检费用，不设置待遇起付线及封顶线，由基本医疗保险基金据实支付。

门诊流产或进行节育手术的，不设置待遇起付线，符合医保政策范围内有关规定的医疗费用支付上限为2 000元，超限额不予支付，限额以内据实支付。

实施门诊绝育手术的，不设置待遇起付线，符合医保政策范围内有关规定的医疗费用支付上限为2 500元，超限额不予支付，限额以内据实支付。

参保女职工生育津贴以参保单位上年度在职职工月平均缴费基数为计发标准。男职工护理假津贴以同样基数标准执行。

当年新参保职工的生育津贴，以职工生育当月单位在职职工平均缴费基数作为生育津贴计发标准。

自 2024 年 2 月 1 日起，将取卵术、胚胎培养、胚胎移植、未成熟卵细胞体外成熟培养、人工授精、精子优选处理、取精术、单精子注射等治疗性辅助生殖医疗项目，纳入基本医疗保险报销范围。治疗性辅助生殖医疗项目费用，不设起付标准按 70％报销，计入年度基本医疗保险基金最高支付限额。

(三)补充医疗保险

新形势下，为有效衔接国家医疗保障政策，落实国铁集团党组关心关爱职工的部署要求，切实加强国铁企业补充医保工作，更好保障职工医疗需求，减轻患病职工的医疗负担，建立企业补充医疗保险。企业补充医疗保险是职工基本医疗保险的有益补充，是国家多层次医疗保障体系的重要组成部分。

补充医疗保险基金主要用于支付基本医疗保险以内个人负担费用的部分补助；基本医疗保险以外必须药品和诊疗项目所需费用的补助；患特殊病种职工和职工供养直系亲属医疗费用的补助。

企业补充医疗保险补助按年度支付，实行限额管理，最高支付限额为 50 万元。每年 1 月 1 日至 12 月 31 日为一个补充医疗保险基金结算年度。

职工和退休人员身患疾病，在基本医疗保险定点医疗机构就医，每次产生的住院费用由基本医疗保险基金支付后，在基本医疗保险支付范围内，个人负担的医疗费用，由企业补充医疗保险基金按 60％予以补助。在基本医疗保险支付范围外，个人负担的医疗费用超 200 元以上部分，由企业补充医疗保险基金按 60％予以补助。

在职和退休人员享受基本医疗保险门诊特殊慢性病及门诊特殊用药产生的医疗费用，由基本医疗保险支付后，对个人负担的部分，由企业补充医疗保险基金按 60％予以补助。

在职和退休人员一个年度内产生的住院费用，超过基本医疗保险、大额医疗保险统筹基金支付限额的，由人保健康商业保险(大额补充医疗保险)赔付后,对个人负担的医疗费用,扣除超标床位费用后,由企业补充医疗保险基金按 98%予以补助。

在职及退休人员在医疗机构门诊就医或定点药店购药,企业补充医疗保险基金按比例予以补助,一个年度内最高补助限额为 3 000 元。

在职及退休人员患恶性肿瘤、血液透析治疗、腹膜透析治疗、器官移植后抗排异治疗、肺动脉高压、重症精神病、股骨头坏死、耐多药肺结核、难治性视网膜疾病、脑垂体瘤、病毒性肝炎(干扰素治疗)、血友病、再生障碍性贫血,以及闭塞性血栓性脉管炎、系统性红斑狼疮、特发性肺间质纤维化、强直性脊柱炎、肾病综合征、痛风合并肾炎或关节疾病、风湿及类风湿疾病、溃疡性结肠炎、银屑病并发症(寻常型银屑病除外)、重症肌无力等免疫性疾病及临床罕见的重特大疾病,除基本医疗保险制度支付以外,由个人负担与该疾病相关的门诊医疗费用及检查治疗费用(包含医疗机构诊疗需求须延伸至社会药店购药及第三方检验检测机构的费用),以 1 000 元为起付标准,超过 1 000 元部分按 90%予以补助,年度最高补助限额为 10 万元。

符合条件的职工和退休人员供养亲属,在城乡居民基本医疗保险统筹基金及大病保险基金支付后,对起付标准 2 000 元以上个人自付的住院医疗费用按 50%比例补助,年度最高支付限额 10 万元。

2018 年 10 月,集团公司社会保险部积极践行"阳光社保、贴心服务"的工作理念,将各项医疗保险业务下放至呼和、包头、集宁、临河、乌海 5 个职工服务中心办理,各地区职工就近便可办理各项医保业务,得到了广大职工和离退休人员广泛认可。国铁集团公司劳动卫生部、自治区医保局来我集团公司调研工作过程中,均对集团公司社会保险部依托职工服务中心(地区工作站)的便民利民服务举措给予充分肯定。

二、基本养老保险

《中华人民共和国劳动法》第九章第七十二条规定，用人单位和劳动者必须依法参加社会保险，缴纳社会保险费。职工参加基本养老保险由用人单位和职工共同缴纳基本养老保险费，基本养老保险实行社会统筹和个人账户相结合。原铁路局自1994年2月起，以封闭运行的模式开展基本养老保险行业统筹工作。1998年9月1日起全局职工基本养老保险按照国家规定移交内蒙古自治区社保局管理，实行省级统筹。社会保险部负责集团公司职工养老保险个人账户管理、缴费基数核定、基金征缴等日常业务经办以及职工退休时档案、待遇补助等初步审核工作。

(一)职工基本养老缴费基数

按照《内蒙古自治区人民政府关于建立统一的企业职工基本养老保险制度的实施意见》(内政发〔1998〕36号)、《内蒙古自治区人民政府关于完善企业职工基本养老保险制度的实施意见》(内政字〔2006〕3号)规定，企业缴纳养老保险费的比例，以参保单位当月缴费基数的16%缴纳，职工个人缴费比例以职工本人上一年度月平均工资的8%缴纳。职工个人缴费的月平均工资低于当地职工平均工资60%的，按60%缴费，高于当地职工月平均工资300%的，按300%缴费。大学生参保缴费基数，依据劳动部办公厅关于印发《职工基本养老保险个人账户管理暂行办法》(劳办发〔1997〕116号)的通知“新招职工(包括研究生、大学生、大中专毕业生等)以起薪当月工资收入作为缴费工资基数；从第二年起，按上一年实发工资的月平均作为缴费工资基数”。

(二)铁路首参时间1994年的由来

按照关于印发《铁路企业职工个人缴纳基本养老保险费办法(试行)》(铁劳〔1993〕147号)的通知，文件中第二条规定：凡实行铁路企业岗位技能工资制的人员，均试行职工个人缴纳基本养老保险费办法。第四条规定：职工个人缴纳基本养老保险费，开始时暂按本人基本工资（岗位与技能工资之和）的 3%缴纳；自 1994 年 7 月 1 日起，改按职工上年月平均工资收入的 2%缴纳。第五条规定：职工个人缴纳的基本养老保险费，由所在单位按月在发放工资时代为收缴，并纳入铁路基本养老保险统筹基金。职工在路内全民所有制单位间调动时，只转移个人缴费凭证（职工养老保险手册或卡片），不转移基金；职工调往路外单位或路外职工调入时，应将单位和个人缴纳的养老保险费同其他调转手续同时转给调入单位保险管理机构。职工从办理离休、退休、退职手续的次月起，停止缴纳基本养老保险费。

（三）职工正常退休条件

根据《内蒙古自治区人民政府关于建立统一的企业职工基本养老保险制度的实施意见》和《国务院关于实行企业职工基本养老保险省级统筹和行业统筹移交地方管理有关问题的通知》（国发〔1998〕28 号）及劳动和社会保障部《关于制止和纠正违反国家规定办理职工提前退休有关问题的通知》（劳社部发〔1999〕8 号）等文件精神，国家法定的企业职工退休年龄是：男年满 60 周岁，女干部年满 55 周岁，女工人年满 50 周岁，连续工龄满十年的。

参加养老保险的个人，达到法定退休年龄时累计缴纳满十五年的，按月领取基本养老金。参加基本养老保险的个人，达到法定退休年龄时累计缴费不足十五年的，可以交费至满十五年，按月领取基本养老金。根据人社部《关于制止和纠正违反国家规定办理企业职工提前退休有关问题的通知》（劳社部发〔1999〕8 号）规定：职工出生时间的认定，实行居民身份证与职工档案相结合的办法。当本人身份证与档案记载的出生时间不一致时，以本人档案最先记载的出生时间为准。

(四)特殊工种退休条件

根据《内蒙古自治区人民政府关于建立统一的企业职工基本养老保险制度的实施意见》和《国务院关于实行企业职工基本养老保险省级统筹和行业统筹移交地方管理有关问题的通知》(国发〔1998〕28 号)及劳动和社会保障部《关于制止和纠正违反国家规定办理职工提前退休有关问题的通知》(劳社部发〔1999〕8 号)等文件精神,国家法定的企业职工退休年龄是:从事井下、高处、高温、特别繁重体力劳动或其他有害身体健康工作(以下简称特殊工种)的,退休年龄为男年满 55 周岁,女年满 45 周岁,连续工龄满十年的。按特殊工种办理退休的职工,从事高处和特别繁重体力劳动的必须在该工种岗位上工作累计满 10 年,从事井下和高温工作的必须在该工种岗位上工作累计满 9 年,从事其他有害身体健康工作的必须在该工种岗位上工作累计满 8 年。

(五)养老保险待遇领取的规定

按照《人力资源社会保障部关于城镇企业职工基本养老保险关系转移接续若干问题的通知》(人社部规〔2016〕5 号)文件要求:参保人员待遇领取地按照《暂行办法》第六条和第十二条执行,即,基本养老保险关系在户籍所在地的,由户籍所在地负责办理待遇领取手续;基本养老保险关系不在户籍所在地,而在其基本养老保险关系所在地累计缴费年限满 10 年的,在该地办理待遇领取手续;基本养老保险关系不在户籍所在地,且在其基本养老保险关系所在地累计缴费年限不满 10 年的,将其基本养老保险关系转回上一个缴费年限满 10 年的原参保地办理待遇领取手续;基本养老保险关系不在户籍所在地,且在每个参保地的累计缴费年限均不满 10 年的,将其基本养老保险关系及相应资金归集到户籍所在地,由户籍所在地按规定办理待遇领取手续。缴费年限,除另有特殊规定外,均包括视同缴费年限。

(六)养老保险关系转移

自治区(统筹区)内养老保险关系无须转移。区外转移养老保险关系时,职工本人下载“掌上12333”App,选择“服务”,在“社保关系转移”下选择“社保转移申请”,按提示填写相关信息,转移结果可在“社保转移审核结果查询”中进行查询,进度可在“社保转移进度查询”中进行查询。

(七)基本养老金计发办法有关政策

根据《国务院关于完善企业职工基本养老保险制度的决定》(国发〔2005〕38号,以下简称《决定》)和《内蒙古自治区人民政府关于完善企业职工基本养老保险制度的实施意见》(内政字〔2006〕3号)精神,现就改革企业职工基本养老金计发办法有关问题提出如下意见。

“统账结合”后参加工作且缴费年限累计满15年的人员,退休后按月发给基本养老金,基本养老金由基础养老金和个人账户养老金组成。“统账结合”前参加工作,本意见实施后退休且缴费年限(含视同缴费年限,下同)累计满15年的人员,在发给基础养老金和个人账户养老金的基础上,再发给过渡性养老金和过渡性调节金。

基础养老金、个人账户养老金、过渡性养老金、过渡性调节金分别按以下办法计算。

1. 基础养老金月标准以当地上年度在岗职工月平均工资和本人指数化月平均缴费工资的平均值为基数,缴费每满1年发给1%。计算公式为:

基础养老金=(参保人员退休时当地上年度在岗职工月平均工资+本人指数化月平均缴费工资)÷2×缴费年限×1%

2. 个人账户养老金月标准为个人账户储存额除以计发月数。计算公式为:

个人账户养老金=参保人员退休时个人账户累计储存额÷计发月数

3. 过渡性养老金月标准以本人指数化月平均缴费工资为基数，“统账结合”前的缴费年限每满 1 年发给 1.2％。计算公式为：

过渡性养老金＝本人指数化月平均缴费工资×统账结合前的缴费年限×1.2％

按以上公式计算过渡性养老金时，平均缴费工资指数低于 1 的，按 1 计算。

4. 过渡性调节金以当地现行标准为基础，2006 年至 2014 年退休的按一定比例计发。2015 年及以后退休的，不再发给过渡性调节金。

按上述办法计发基本养老金时，统账结合时间、缴费年限、当地上年度在岗职工月平均工资、指数化月平均缴费工资、个人账户养老金计发月数、过渡性调节金计发比例，按《关于改革企业职工基本养老金计发办法有关问题的解释》执行。

三、工伤保险

《国务院关于修改〈工伤保险条例〉的决定》经 2010 年 12 月 8 日国务院第 136 次常务会议通过，自 2011 年 1 月 1 日起施行。为了保障因工作遭受事故伤害或者患职业病的职工获得医疗救治和经济补偿，促进工伤预防和职业康复，分散用人单位的工伤风险，依据《工伤保险条例》规定，中华人民共和国境内的企业、事业单位、社会团体、民办非企业单位、基金会、律师事务所、会计师事务所等组织和有雇工的个体工商户（以下称用人单位）应当依照《工伤保险条例》规定参加工伤保险，为本单位全部职工或者雇工（以下称职工）缴纳工伤保险费。职工个人不缴纳工伤保险费。截至 2024 年 4 月底，集团公司工伤保险的缴费率为上年度职工工资总额的 0.45％。

（一）集团公司工伤保险历史沿革

2001 年 10 月，原铁路局建立了工伤保险，工伤保险基金按照

“以支定收、收支基本平衡”的原则由路局统一筹集。2015 年 12 月 31 日，根据自治区人社厅的批复，针对呼和浩特局集团公司点多线长、生产流动性大、跨盟市多、管理难度大等行业特点，同意自治区医保局采取委托协助管理方式，由原呼铁局经办机构具体负责办理的待遇审核和支付业务，工伤认定和劳动能力鉴定由自治区人社厅负责。根据《关于工伤认定、因病或非因工伤残劳动能力鉴定纳入属地管理的通知》（内人社办发〔2018〕25 号），自 2018 年 2 月 1 日起，呼和浩特局集团公司职工工伤认定由呼和浩特市人社局负责。根据《关于因工劳动能力初次鉴定纳入属地管理、推进劳动能力鉴定便民化服务工作的通知》（内人社办发〔2019〕23 号），自 2019 年 3 月 1 日起，呼和浩特局集团公司工伤职工劳动能力初次鉴定由呼和浩特市人社局负责。

（二）工伤认定情形

依据《工伤保险条例》第十四条，职工有下列情形之一的，应当认定为工伤：

1. 在工作时间和工作场所内，因工作原因受到事故伤害的；

2. 工作时间前后在工作场所内，从事与工作有关的预备性或者收尾性工作受到事故伤害的；

3. 在工作时间和工作场所内，因履行工作职责受到暴力等意外伤害的；

4. 患职业病的；

5. 因工外出期间，由于工作原因受到伤害或者发生事故下落不明的；

6. 在上下班途中，受到非本人主要责任的交通事故或者城市轨道交通、客运轮渡、火车事故伤害的；

7. 法律、行政法规规定应当认定为工伤的其他情形。

职工有下列情形之一的，视同工伤：

1. 在工作时间和工作岗位，突发疾病死亡或者在 48 h 之内经抢救无效死亡的；

2. 在抢险救灾等维护国家利益、公共利益活动中受到伤害的；

3. 职工原在军队服役，因战、因公负伤致残，已取得革命伤残军人证，到用人单位后旧伤复发的。

职工符合上述工伤认定的规定，但是有下列情形之一的，不得认定为工伤或者视同工伤：

1. 故意犯罪的；

2. 醉酒或者吸毒的；

3. 自残或者自杀的。

(三)工伤待遇标准

依据《工伤保险条例》第三十五条规定，职工因工致残被鉴定为一级至四级伤残的，保留劳动关系，退出工作岗位，享受以下待遇：

1. 从工伤保险基金按伤残等级支付一次性伤残补助金，标准为：一级伤残为 27 个月的本人工资，二级伤残为 25 个月的本人工资，三级伤残为 23 个月的本人工资，四级伤残为 21 个月的本人工资。

2. 从工伤保险基金按月支付伤残津贴，标准为：一级伤残为本人工资的 90%，二级伤残为本人工资的 85%，三级伤残为本人工资的 80%，四级伤残为本人工资的 75%。伤残津贴实际金额低于当地最低工资标准的，由工伤保险基金补足差额。

3. 工伤职工达到退休年龄并办理退休手续后，停发伤残津贴，按照国家有关规定享受基本养老保险待遇。基本养老保险待遇低于伤残津贴的，由工伤保险基金补足差额。

职工因工致残被鉴定为一级至四级伤残的，由用人单位和职工个人以伤残津贴为基数，缴纳基本医疗保险费。

依据《工伤保险条例》第三十六条规定，职工因工致残被鉴定为五级、六级伤残的，享受以下待遇：

1. 从工伤保险基金按伤残等级支付一次性伤残补助金，标准为:五级伤残为 18 个月的本人工资,六级伤残为 16 个月的本人工资。

2. 保留与用人单位的劳动关系,由用人单位安排适当工作。难以安排工作的,由用人单位按月发给伤残津贴,标准为:五级伤残为本人工资的 70%,六级伤残为本人工资的 60%,并由用人单位按照规定为其缴纳应缴纳的各项社会保险费。伤残津贴实际金额低于当地最低工资标准的,由用人单位补足差额。

经工伤职工本人提出,该职工可以与用人单位解除或者终止劳动关系,由工伤保险基金支付一次性工伤医疗补助金,由用人单位支付一次性伤残就业补助金。一次性工伤医疗补助金和一次性伤残就业补助金的具体标准由省、自治区、直辖市人民政府规定。

依据《工伤保险条例》第三十七条规定,职工因工致残被鉴定为七级至十级伤残的,享受以下待遇:从工伤保险基金按伤残等级支付一次性伤残补助金,标准为:七级伤残为 13 个月的本人工资,八级伤残为 11 个月的本人工资,九级伤残为 9 个月的本人工资,十级伤残为 7 个月的本人工资。

四、失业保险

为了保障失业人员失业期间的基本生活,促进其再就业,1998 年 12 月 26 日国务院第 11 次常务会议通过《失业保险条例》规定。城镇企业事业单位、城镇企业事业单位职工依照本条例的规定,缴纳失业保险费。城镇企业事业单位失业人员依照《失业保险条例》的规定,享受失业保险待遇。按照《失业保险条例》有关规定,原铁路局自 1986 年 11 月 1 日起建立职工待业保险,并实行单位所在盟市统筹。2015 年 1 月 1 日,为解决参保中存在的实际困难,便于参加失业保险及请领失业保险待遇,经与自治区协商,自治区人力资源和社会保障厅下发《关于呼和浩特铁路局失业保险参保关系转移有关问题的通知》(内人社办发〔2015〕17号),同意将呼和浩特局集团公司失业保险关系全部转移到呼和浩特市就业服务中心。

(一)失业保险基金构成

1. 城镇企业事业单位、城镇企业事业单位职工缴纳的失业保险费;

2. 失业保险基金的利息;

3. 财政补贴;

4. 依法纳入失业保险基金的其他资金。

(二)失业保险缴纳比例

根据国家《失业保险条例》和内蒙古自治区《关于印发呼和浩特铁路局失业保险管理(暂行)办法》的规定,单位按照工资总额的2%缴纳失业保险费,职工个人以月工资总额(应发工资)的1%缴纳失业保险费。我集团公司失业保险关系转移至呼和浩特市就业服务中心后,集团公司社会保险部积极争取属地失业保险优惠政策,缴费费率呈逐年下降趋势。截至2024年4月底,集团公司失业保险缴费费率为1%(单位0.5%、个人0.5%)。

(三)失业保险领取条件

依据《失业保险条例》第十四条规定,具备下列条件的失业人员,可以领取失业保险金:

(1)按照规定参加失业保险,所在单位和本人已按照规定履行缴费义务满1年的;

(2)非因本人意愿中断就业的;

(3)已办理失业登记,并有求职要求的。

失业人员在领取失业保险金期间,按照规定同时享受其他失业保险待遇。

(四)失业保险领取标准

依据《失业保险条例》第十七条规定,失业人员失业前所在单位和本人按照规定累计缴费时间满1年不足5年的,领取失业保险金的期限最长为12个月；累计缴费时间满5年不足10年的，领取失业保险金的期限最长为18个月；累计缴费时间10年以上的，领取失业保险金的期限最长为24个月。重新就业后，再次失业的，缴费时间重新计算，领取失业保险金的期限可以与前次失业应领取而尚未领取的失业保险金的期限合并计算，但是最长不得超过24个月。依据《失业保险条例》第十八条规定，失业保险金的标准，按照低于当地最低工资标准、高于城市居民最低生活保障标准的水平，由省、自治区、直辖市人民政府确定。

五、企业年金

企业年金是指企业（包括其他已经参加企业职工基本养老保险的用人单位）及其职工在依法参加基本养老保险的基础上，自主建立的补充养老保险制度。

（一）集团公司企业年金发展历程

为保障和提高职工退休后的待遇水平，调动职工的劳动积极性，建立人才长效激励机制，增强单位的凝聚力，促进单位健康持续发展，经原铁道部批准，原铁路局自2002年7月建立职工补充养老保险。2008年底，按照原铁道部149号等文件，组建成立了年金理事会办公室。2009年12月21日，根据人力资源和社会保障部办公厅《关于确认呼和浩特铁路局企业年金计划的函》（人社厅函〔2009〕521号），原呼铁局建立了企业年金计划，2010年4月（首次定价日）正式开始投资运作。为进一步规范企业年金管理工作，根据《中华人民共和国劳动法》（中华人民共和国主席令第28号）、《集体合同规定》（劳动和社会保障部令第22号）、《企业年金办法》（人力资源和社会保障部令第36号）、《企业年金基金管理办法》（人力资源和社会保障部令第11号）等法律、法规及规章，按照《中国铁路总公司关于进一步加强铁路企业年金管理工作的通知》（铁总劳卫〔2019〕

105 号)意见要求,中国铁路呼和浩特局集团有限公司结合实际情况,制定企业年金方案。

(二)参加企业年金条件

(1)与本单位订立劳动合同并试用期满;

(2)依法参加企业职工基本养老保险并履行缴费义务。

(三)企业年金缴费标准

依据《中国铁路呼和浩特局集团有限公司企业年金方案》第十一条规定,职工个人缴费标准按照“公平、普惠”的原则,以职工工龄“分段、递增”方式确定,即:以 5 年工龄为一档、原则上不超过 9 档,每档缴费数额按照企业缴费总额和工龄因素确定,并根据本企业职工工资总额增长适时调整,由企业公布执行。依据《中国铁路呼和浩特局集团有限公司企业年金方案》第十二条规定,企业缴费每年不超过本企业职工工资总额的 8%。企业按职工个人缴费标准的 4 倍确定企业缴费计入职工企业年金个人账户的金额。截至 2023 年底,集团公司企业年金职工缴费标准见表 6-1。

表 6-1　集团公司企业年金职工月缴费标准表

序号	职工工龄档次	缴费数额(元/月)
1	1 年至 5 年	86
2	6 年至 10 年	119
3	11 年至 15 年	160
4	16 年至 20 年	202
5	21 年至 25 年	246
6	26 年至 30 年	293
7	31 年至 35 年	346
8	36 年及以上	414

(四)个人账户的转移和保留

依据《中国铁路呼和浩特局集团有限公司企业年金方案》第

十九条规定，职工与本单位终止、解除劳动合同的，其个人账户转移或者保留。

1. 职工与本单位终止、解除劳动合同，新就业单位已建立企业年金或者职业年金的，其个人账户权益应当转入新就业单位的企业年金计划或者职业年金计划管理。

2. 职工与本单位终止、解除劳动合同，未就业、新就业单位没有建立企业年金或者职业年金的，其个人账户转入由本单位与职工协商选定的法人受托机构发起的集合计划设置的保留账户统一管理。保留账户的账户管理费从职工个人账户中扣除。

3. 在集团公司内部调动新单位未实行企业年金制度的，其个人账户作为保留账户由原单位继续管理。保留账户的账户管理费由原单位负担。

(五)企业年金的领取条件

依据《中国铁路呼和浩特局集团有限公司企业年金方案》第二十八条规定，本方案参加职工符合下列条件之一时，可以享受本方案规定的企业年金待遇：

1. 达到国家规定的退休年龄；

2. 经劳动能力鉴定委员会鉴定，因病(残)完全丧失劳动能力；

3. 出国(境)定居；

4. 退休前身故。

(六)企业年金的支付方式

职工达到本方案第二十八条规定的企业年金待遇领取条件后，可根据个人账户余额、个人所得税税负等情况选择按月、分次或者一次性领取企业年金待遇，也可将本人企业年金个人账户资金全部或者部分购买商业养老保险产品，依据保险合同领取待遇并享受相应的继承权。

第二节　常态化帮扶救助

一、医疗救助

职工医疗救助形式包括大病救助、医疗费用救助、住院补助、伤残(亡)补助。

(一)大病救助

职工首次患49种(类)重大疾病,可由集团公司按病种分类给予5 000～100 000元大病救助,其中患第1种(类)大病的,救助100 000元;患第2～3种(类)大病的,救助50 000元;患第4～6种(类)大病的,救助30 000元;患第7～26种(类)大病的,救助20 000元;患第27～38种(类)大病的,救助10 000元;患第39～49种(类)大病的,救助5 000元。

女职工进行子宫、卵巢、乳腺非恶性病变切除术,子宫肌瘤、卵巢肿物剥离剔除术的,可救助3 000元;可按器官区分不同病种分别救助一次(一次手术同时切除的除外)。

职工带病参加医疗互助,不享受原发疾病的大病救助。职工同时或先后患49种(类)大病的,可分别给予大病救助,但一种大病只救助一次。

职工配偶(非铁路在职职工,下同)和供养子女(未成年子女、已成年但正在上高中、大学或因病不能独立生活的子女,下同)仅享受大病救助(未缴纳医疗互助保险的职工的家属除外)。

职工配偶、供养子女首次患49种(类)大病的,可由集团公司按病种分类给予3 000～50 000元大病救助,其中,患第1种(类)大病的,补助50 000元;患第2～3种(类)大病的,补助20 000元;患第4～6种(类)大病的,补助10 000元;患第7～26种(类)大病的,补助

8 000 元；患第 27～49 种(类)大病的，补助 3 000 元。

职工配偶、供养子女同时或先后患 49 种(类)大病的，采取就高或补差办法给予一次大病补助，不重复享受，且补差仅补一次。

(二)医疗费用救助

职工一个年度内的医疗费用，经基本医疗保险、大额补充医疗保险、企业补充医疗保险基金支付后，在企业补充医疗保险范围内，剩余需个人负担的住院费用，按 100%补助，每季统计汇总后给予补助；门诊费用累计超过 1 000 元部分，按 100%补助，于次年一季度统计汇总后予以补助，金额不足 50 元的不再补助。

(三)住院补助

职工患 49 种(类)大病连续住院治疗 7 天及以上的，集团公司可给予每天 30 元住院生活补助，一个自然年最长时限 100 天，跨年度住院可累计计算。

职工因患 49 种(类)大病首次住院的，各单位可给予住院慰问补助，其中患第 1 种(类)大病的，补助 2 000 元；患第 2～3 种(类)大病的，补助 1 500 元；患第 4～6 种(类)大病的，补助 1 000 元；患第 7～49 种(类)大病的，补助 500 元。

职工因病住院，各单位一年内可给予一次不高于 500 元慰问品。因工负伤在门诊治疗，一年内可给予一次不高于 500 元慰问品。

(四)伤残(亡)补助

职工自然、意外死亡或因工致残程度达 1～4 级的，可给予一次性补助 10 000 元；在工作时间和工作岗位突发疾病死亡或经抢救无效死亡，享受及未能享受工伤保险待遇的职工，可给予一次性补助 30 000 元。

二、困难补助

按照职工家庭发生临时性困难情形和程度，分为一类困难和二类困难。

对认定为一类困难的职工家庭，集团公司当年给予 8 000 元生活补助。因职工遭遇严重意外事故、突发灾害，造成家庭生活困难，集团公司视困难程度可给予 3 000～30 000 元一次性困难补助。

各单位对认定为二类困难的职工家庭，每次可补助 300～2 000 元。遇有特殊情况由本单位常态化帮扶救助领导小组办公室研究确定，每人全年不超过 6 000 元。

三、就学补助

一类困难职工子女就读于全日制高校本科、专科（高职）、中专（中技）和高中（职高）、初中、小学的，可向集团公司申请 1 500～7 000 元就学补助，就读于私立学校和国（境）外院校的除外。其中本科、专科（高职）7 000 元；中专（中技）5 000 元；高中（职高）3 000 元；初中、小学 1 500 元。有多个子女上学的，可同时申请助学。

一类困难职工子女取得当年校级及以上奖学金的，可给予 2 000 元“励志奖学金”。

一类困难职工去世，其子女可在职工去世后三年内继续享受助学政策，并建立遗属档案；配偶无经济来源的单职工家庭，其子女可在职工去世后三年内比照一类困难职工子女享受助学政策，并建立遗属档案。

第三节　健康呼铁及普惠服务

一、健康呼铁

集团公司把职工健康作为事关企业发展和职工幸福的民生大事，持续深化“健康呼铁”建设，努力提高职工身心健康水平。

(一)抓好职工健康体检

按照"基本项目+自选项目+特定人群项目+自费项目"组合模式,每年组织全员体检,将血尿常规、全腹彩超等15类48个检查项目,列为全员必检项目,确保基本项目全覆盖。在男职工500元、女职工600元体检费用基础上,按照人均210元标准,为年满45周岁职工增加同型半胱氨酸和心脏、颈动脉彩超,加大心脑血管疾病筛查力度。分地区组织职工代表择优选定体检机构,形成公立医院、大型民营体检机构并存格局,并在自选项目中设置2~3个体检项目套餐,为职工提供更多选择。

对体检发现重大阳性指标实行跟踪督导制度,督促职工及时复查、及早治疗;对筛查发现的三类重点人群,督促疾控部门和单位做好健康干预,劝导规范就医,开具膳食与运动处方,定期回访。

(二)优化职场健康环境

依托"三线"建设,加大"卫生线"投入力度,每年开展沿线站区"送医送药送健康"活动,为沿线站区补充更新小药箱及药品,为机车乘务员和单岗作业人员发放小药包;投入715万元,在沿线车间班组建成184个集健康维护、身心放松、运动解压于一体的职工健康屋,配备音乐按摩椅、跑步机、健骑机、瑜伽垫、茶台等,使职工在间休之余得到有效放松;在包头客运段、呼和机务段等单位建成5个职工医务室,聘请专业医生为职工进行健康服务;为临哈线4个中控站等单位配备10台AED(自动体外除颤器)。

(三)关注职工心理健康

与自治区精神卫生中心合作,开通职工心理关爱热线0471-4939595,为职工和家属提供全天候心理支持、心理咨询、心理干预服务。在包头西机务段、呼和浩特站建设自治区级心理健康室。举办专兼职心理工作人员培训班,183名学员持证上岗,为职工提供心理健康服务。

二、普惠服务

(一)集团公司职工职业生涯全过程关爱服务实施意见

围绕职工从入职入路到退休离岗期间个人重大事项开展关爱服务。

1. 入职入路。新职工入职入路时召开迎新会,向新职工介绍路史路情、会史会情、局史局情和本单位基本情况。组织新职工参观站(段)史馆、安全警示教育基地、劳模先进和工匠人才创新工作室、铁路红色教育基地等,帮助新职工更直观地了解铁路。举行集体入会仪式,宣讲工会服务项目,编发入职手册、生活指南、温馨提示等。各单位工会可按不高于 200 元/人标准,为新职工购买发放日常生活用品,及时为新职工送去组织的关心与问候。要注重了解新职工的所思所想所盼,认真倾听呼声,掌握思想动态,帮助新职工快速融入单位集体和铁路大家庭。新职工入路教育如图 6-1 所示。

图 6-1 新职工入路教育

2. 恋爱交友。常态化举办线上线下相结合的青年职工交友联谊活动，为青年职工婚恋交友牵线搭桥。通过微视频、公众号等多渠道推送婚恋微讲座、爱情小讲堂等知识内容，加强正面宣传引导，帮助单身职工树立正确的人生观、择偶观、婚恋观。交友联谊活动如图 6-2 所示。

图 6-2 交友联谊活动

3. 结婚成家。职工结婚时，各单位工会可按不高于 1 000 元/人标准为新婚职工购买赠送寓意美满的祝福礼品或发放慰问金。各级工会干部可组织职工同事写祝福贺卡、编祝福短信、录制祝福视频等，也可到职工婚礼现场进行祝贺，拉近工会组织与职工群众的距离，增进与职工群众的感情。集团公司或有条件的单位可为职工举办集体婚礼，增强仪式感。

4. 生育哺乳。职工生育时，各单位工会可按不高于 1 000 元/人标准购买慰问品或发放慰问金。管好用好女职工爱心屋、健康室，为哺乳期女职工提供各种关爱服务。积极探索自办或与专业机构合作开展托管托育服务，减轻职工生育、子女照看压力。

5. 子女入学。加强与有关方面协作，为职工子女入托入园创造条件、提供便利。六一儿童节期间，组织 14 周岁及以下的职工子女开展参观父母工作岗位、亲子阅读、家书征集、家庭联谊等活动，各单位工会可按不高于 200 元/人标准组织活动，发放纪念品。组织开展鼓励性助学活动，对当年考入全日制高等院校的职工子女，可按不高于 1 000 元/人发放助学金或购买励志书籍、出行箱包等慰问品，让职工家庭感受到工会的贴心服务。对家庭存在特殊困难的子女大力开展金秋助学活动，集团公司工会对一类困难职工子女可区分不同学历阶段分别给予 1 500～7 000 元/年助学金，帮助困难职工家庭子女解决入学学费和上学期间生活困难问题。对符合条件的遗属子女在职工去世后三年比照一类困难职工享受助学待遇；一类困难职工子女取得当年校级及以上奖学金的，集团公司工会可给予 2 000 元“励志奖学金”。

6. 职工生日。每年为职工发放生日蛋糕券。职工生日时，开展庆生活动，通过编发庆生短信，在职工食堂（伙食团）为其准备长寿面等方式，祝福职工生日快乐。有条件的单位可以召开集体生日会，按照不高于 100 元/人标准，组织当班职工共同为过生日职工唱响生日歌，赠送鲜花、贺卡等，让职工充分感受到铁路大家庭的关爱和温暖。职工生日如图 6-3 所示。

7. 生病住院。认真落实《集团公司常态化帮扶救助实施办法》，在基本医疗保险和企业补充医疗保险报销的基础上，集团公司工会对符合救助条件的大病职工，及时开展病种救助和医疗费用救助，坚持快审快批、及时拨付，切实减轻职工医疗费用负担。对生病住院职工，各单位工会要上门探视，按照不高于 500 元标准购买慰问品或慰问金（一年内可给予一次）；职工因患 49 种（类）大病首次住院的，除享受以上慰问品或慰问金外，各单位按照《集团公司常态化帮扶救助实施办法》相关规定，还可给予 500～2 000 元的住院慰问补助，并通过面对面问病情、纾情绪、解难题，减轻职工精神压力，帮助职工增强战胜疾病的信心。

8. 意外致困。对因发生意外、遭遇灾害等造成生活暂时困难的职工家庭，各单位工会要及时进家门、察民情，给予关怀慰问，视困

图 6-3 职工生日

难程度可给予 300～2 000 元的慰问品或慰问金；对花费较大、受损严重等造成家庭生活特别困难的，集团公司工会可给予 3 000～30 000 元一次性困难补助，帮助职工家庭渡过难关。元旦、春节等重要节日期间，开展送温暖入户走访慰问，对建档特殊困难职工家庭，集团公司工会可按不高于 3 500 元、各单位工会可按不高于 2 500 元标准进行慰问，送去工会组织关怀，帮助解决家庭实际困难。

9. 亲人去世。在职职工及其父母、子女、配偶、配偶父母去世时，要及时对职工和家庭成员开展慰问安抚，并可按不高于 1 200 元标准给予慰问金或慰问品（吊唁品）。职工本人因工亡、疾病、突发意外等去世时，工会组织要积极协助做好后事处理，对符合条件的，集团公司工会分别给予 30 000 元（工亡）、10 000 元死亡补助；各级工会组织要协调相关部门做好企业年金办理、保险个人账户清退等工作，体现“娘家人”的担当作为。

10. 退休离岗。职工退休时，各单位工会可按不高于 2 000 元/人标准为退休职工发放有意义的纪念品，还可通过举办座谈欢送会、制作一本小相册、赠送一束鲜花等方式，肯定老同志在职期间的付出和辛勤工作，感谢其为铁路事业做出的贡献，为退休后的生活送上美好祝福。有条件的单位，也可以为退休职工举办集体荣誉退休仪式，增强职工获得感和荣誉感，相关支出不高于 100 元/人。退休欢送会如图 6-4 所示。

图 6-4 退休欢送会

(二)工会逢年过节可以向全体会员发放节日慰问品

逢年过节的年节是指国家规定的法定节日(即:新年、春节、清明节、劳动节、端午节、中秋节和国庆节)和经自治区以上人民政府批准设立的少数民族节日。根据铁路总工会有关规定，节日慰问品每年支出标准及品种由集团公司工会根据当年实际情况确定。职工慰问品发放如图 6-5 所示。

(三)文体活动场馆(场地)免费向职工和家属开放

1. 集团公司工会管理的文体活动场馆(场地)、集通丽苑文体活动中心，以及基层单位管理的各类文体活动场馆(场地)向职工和家属免费开放。铁路游泳馆如图 6-6 所示。

2. 在包头、呼和、集宁文化宫开展“每周一影”活动，每周五为职工和家属免费播放院线影片。

图 6-5　职工慰问品发放

图 6-6　铁路游泳馆

第七章

企业文化

第一节 企业文化理念

集团公司企业文化理念体系主要包括企业愿景、企业精神、企业使命,以及安全、经营、服务、高铁、重载、廉洁、家园、人才理念。

1. 企业愿景——建设“八快八新”的现代化呼铁

集团公司第一次党代会提出了“建设具有‘八快八新’显著特征的现代化呼铁”的奋斗目标。新征程上,我们要主动对标对表国家铁路“六个现代化体系”,积极服务自治区经济社会发展,全力满足人民群众出行需要,加快建设“八快八新”现代化呼铁,助力完成好习近平总书记交给内蒙古自治区的“五大任务”和全方位建设“模范自治区”两件大事。

2. 企业精神——担当 创新 奉献 包容

“担当”就是要在确保高铁和旅客安全、满足人民对美好生活需要、服务地方经济社会发展等方面,履好职、尽好责。“创新”就是要坚持人无我有、人有我精、人精我强、人强我新,始终保持积极进取、力争上游的精神状态。“奉献”就是要持续发扬干部职工队伍特别能吃苦、特别能战斗、特别能奉献的创业精神,全力推动现代化呼铁建设。“包容”就是善于吸收借鉴、博采众长,精诚合作、协调联动,凝聚起推动高质量发展的强大合力。

3. 企业使命——勇当服务和支撑中国式现代化的“火车头”

以中国式现代化全面推进强国建设、民族复兴伟业是新时代最大的政治。“勇当服务和支撑中国式现代化的‘火车头’”是当前和今后一个时期国家铁路的中心任务。我们地处模范自治区内蒙古,内连三北,外接蒙俄,必须在服务党和国家工作大局中彰显呼铁担当,在率先实现铁路现代化中展现呼铁作为,在助推内蒙古自治区高质量发展中贡献呼铁力量,以高度责任感和使命感勇当服务和支撑中国式现代化的“火车头”，为奋力书写中国式现代化草原铁路新篇章做出新贡献。

4. 安全理念——把标准养成习惯 让习惯符合标准

每项安全工作都有严格的技术标准、作业标准和管理标准，必须认真学习理解，让标准融入血液，才能养成按标作业的好习惯。每一名职工也只有让工作习惯符合标准，自觉达标，才能不断提升能力和素质，确保安全生产持续稳定。

5. 经营理念——高质高效 精细精益

“高质高效”是指努力追求高质量发展，高效率运作，力争实现更高的经济效益、社会效益，取得更好的经营成效。“精细精益”是指在经营管理中精算收入、精细支出、精益开发、精准激励、精确达标，取得更好的效益。

6. 服务理念——让旅客(客户)体验更美好

进入新时代，广大人民群众对铁路的期待越来越多元多样。我们必须进一步凸显服务这一本质属性，践行“人民铁路为人民”宗旨，更新服务理念、优化服务流程、拓展服务产品、提升服务品质，让人民群众享有更美好的旅行生活和更安全便捷的物流服务。

7. 高铁理念——高速度 高素质 高品质

草原高铁极大改善了北疆人民的出行条件，带动了区域经济社会发展，成为草原铁路发挥开路先锋作用的重要窗口。我们要在高铁工作中坚持高于、严于普速铁路的工作标准，以队伍高素质、工作高品质，更好满足人民群众美好出行需求。

8. 重载理念——勇挑重担 当好先行

重载铁路担负着确保国家能源战略动脉畅通的重责重任。我们要勇挑完成习近平总书记交给内蒙古自治区的“五大任务”中“建设能源和战略资源基地”的重任，以脚踏实地、真抓实干的作风，以甘于奉献、锐意进取的态度，推动重载铁路管理提质升级。

9. 廉洁理念——心有纪律 行有规矩

“心有纪律”就是要有强烈的纪律意识，心中有戒、心有所畏，在心中划出不可触碰的禁区和红线。“行有规矩”就是要工作有准绳、行动知进退，让自己的一言一行符合规矩。

10. 家园理念——爱企如家 共建共享

“爱企如家”就是每一名职工都要把企业当成家一样经营和爱护，充分发扬主人翁精神，努力构建企业和职工命运共同体。“共建共享”就是要大家共同参与、强化奉献，形成人人建设家园、人人享受家园建设成果的良好格局。

11. 人才理念——真心爱才 悉心育才 倾心引才 精心用才

尊重知识、尊重人才是企业繁荣发展的必然选择。我们要大力实施人才强企战略，营造爱才环境，提升育才水平，加大引才力度，强化用才效能，把优秀人才集聚起来，为想干事、能干事、干成事的人才搭建平台，真正实现人尽其才、才尽其用、用有其成。

第二节 企业文化发展历程

长期以来，集团公司高度重视企业文化建设，在 60 多年的发展历程中积淀了深厚的文化底蕴。按照时间脉络，集团公司企业文化建设发展历程大致经历了三个阶段。

第一阶段：全面启动打基础

呼和浩特局企业文化建设源于 2003 年呼和浩特铁路局党委开展的“当安全生产主人，建自控型班组”大讨论，提出了建设以培育干部职工广泛认同的安全价值观为核心的企业文化，确定了“把局歌唱起来，把人心聚起来，把形象树起来，让站车靓起来，让职工富起来”的建设目标，以及“一年起好步、两年迈大步、三年抓巩固”推进步骤和“重点突破、以会促建”的推进方法。2004 年，确定了“锐意发展、开明诚信、团结亲和、安全高效”为企业精神、《呼铁人之歌》为局歌。2005年，把企业文化建设与“创建学习型组织、争做知识型职工”活动相互融合，出台了《呼和浩特铁路局2005年—2010年企业文化、学习型组织建设五年规划》，提出了建设以安全文化为龙头，形成具有草原铁路特色的安全、管理、经营、服务、环境五大文化体系。之后，随着构建社会主义和谐社会的提出，把重点转移到了积极探索和谐文化与“创争”活动融合推进上，广泛培育职工和谐精神、和谐理念。

第二阶段:精品高效文化建设

2010年，根据快速增长的铁路运输形势，呼和浩特铁路局确定了“精品高效局”建设战略目标，印发《关于推进精品高效局建设的决定》，并以推动精品高效局建设为目标，着手设计统一规范全局“理念、行为、视觉”三大识别系统。2013年，将企业文化建设纳入《呼和浩特铁路局“十二五”后三年发展规划》，深入推进以安全文化、经营文化、服务文化为重点的企业文化建设，优化完善三大识别系统。2014年，面对铁路体制机制转换的新形势，结合安全风险管理、客货组织改革、铁路走向市场等新任务，下发了《关于加强全局企业文化建设的通知》，确定了《全局企业文化建设三年规划》，全面拉开了以安全、经营、服务三大文化为重点的企业文化建设新局面。

第三阶段:精彩呼铁文化建设

2017年，按照中国铁路总公司企业文化建设部署，集团公司党委制定了《企业文化建设三年基础工程实施方案》，明确了以“精彩呼铁”为目标，以担当文化为引领，以基层单位专项文化为拓展的“1+5+N”的企业文化体系。2018年，确定了包含企业愿景、企业精神、企业使命以及安全、经营、服务、家园、人才理念的企业文化理念体系，出台了《企业文化标准化检查评估办法》，发布了企业文化手册《草原铁路》。2019年，组织开展了优秀局歌评选，确定原创歌曲《向着精彩出发》为局歌。2020年，发布了企业形象宣传片《精彩呼铁》,并对精彩文化进行了系统阐释。2021 年,结合集团公司企业文化建设形势要求,重新制定印发了《呼和浩特局集团公司企业文化标准化建设检查评估办法》,为深化集团公司企业文化建设提供了依据。2022 年,印发了《集团公司安全文化建设示范点创建工作方案》《集团公司服务文化建设示范点建设工作方案》,为提升安全管理、服务保障水平提供强有力的文化支撑;印发了《呼和浩特局集团公司"十四五"企业文化建设发展规划》及任务分工方案,为"十四五"期间集团公司企业文化建设指明了方向、提供了遵循。

2023 年 9 月,集团公司召开第一次党代会,吹响了建设现代化呼铁的冲锋号。集团公司党委更新了企业文化理念体系,于 2024 年 2 月和《集团公司职工行为公约》《集团公司各系统职工行为规范》一并正式公布。

第三节 呼铁精神

长期以来,草原铁路始终听党话、跟党走,传承红色基因,在各个发展阶段中积淀淬炼出具有时代特征和草原特色的呼铁精神。主要以 15 个精神为骨干。

1. 集二精神——迎着压力干,顶着困难上

集二铁路全长 337 km,于 1952 年开始勘测设计,1953 年 5 月开工建设,1954 年 12 月提前 14 天完成建设工程;1956 年 1 月正式开办国际客货联运。建设时期,铁路建设工人昼夜施工赶进度,全力以赴完成国家赋予的使命任务。运营初期,铁路职工顶风迎雪、坚守岗位,齐心协力确保国际干线运输安全畅通。集二铁路对自治区北部、中部地区的经济社会发展起到了重要促进作用,也为草原铁路留下了宝贵的精神财富。

2. 乌吉精神——吃苦不言苦,甘愿吃苦保运输

乌吉铁路全长 130 km,毗邻乌兰布和沙漠,部分区段穿越其中。

二维码 9
《乌吉精神》

自 1967 年 7 月 1 日通车以来，乌吉铁路便以其恶劣的自然条件、艰苦的工作环境而闻名。50 多年来，一代代乌吉人与天斗、与地斗、与严寒酷暑斗、与狂风沙暴抗争，把自己的一切都献给了乌吉铁路，为自治区经济建设的腾飞做出了巨大贡献。请扫描二维码 9 观看《乌吉精神》。

3. 临哈精神——争创一流、决战决胜

临哈铁路东起包兰铁路临河站，西至兰新铁路哈密东站，2015 年 12 月正式开通运营。临哈铁路建设环境十分恶劣，困难程度直逼青藏铁路，但铁路建设者们以苦为乐、苦中作乐，在“生命禁区”筑起一条希望之路。临哈铁路的建成结束了内蒙古自治区西北部广阔沙漠没有铁路的历史，受到周边农牧民的热烈欢迎。

4. 福生庄精神——执行规章不走样

福生庄线路工区成立于 1948 年 8 月 21 日，创造了 73 年无事故的优异成绩，安全天数居全国铁路干线线路工区之首。70 多年来，一代代福生庄人始终把提高线路质量、确保运输安全作为自己的神圣职责锻造出了以“执行规章不走样”为精髓的福生庄精神。先后获得了全国、全路等荣誉 400 多项。2007 年 7 月 1 日，福生庄线路工区被中宣部列为全国重大宣传典型，引发强烈社会反响。

5. 共青团号机车精神——包蕴梦想、机务先锋、青春扬帆、年华熠辉

1960 年，伴随着包钢大规模建设和包兰铁路开通，尔甲亥机务段(包头西机务段前身)决定将建设型 5516 号机车组打造成青年示范班组，后经全国铁道团委、原铁道部机务局批准命名为“共青团号”机车组，是全路第一台由“共青团号”命名的机车组。成立 60 多年来，“共青团号”机车组先后经历了 9 次机车换型，但机车组“早上车、细看车，交车不交活”的老规矩一直代代相传、辈辈接续，防止事故近 200 起，防止机破 830 多件，防止路外伤亡事故 570 多件，防止

撞大牲畜 420 多件,累计安全走行 600 多万公里。

6. 邵玉镇精神——开好时代列车 献身边疆建设

邵玉镇(退休),原临河机务段司机长。从事机车乘务员工作 27 年间,他坚持兢兢业业、一丝不苟,没有请过假也未休过一个假,把全部精力投入到安全生产上,累计防止各类事故 150 多起,实现安全生产 9 860 天、安全行车 180 万 km,义务献工 3 500 多小时,带领 6737 号机车组年年超额完成生产任务,制止“偷拿摸要”不良行为 100 多起。1997 年 4 月,邵玉镇被全国总工会命名为“全国十大杰出工人”,是全路、全区唯一获此殊荣的职工。

7. 刘怀玉精神——不放过一条安全隐患

刘怀玉(退休),包头西车辆段包西检修车间车辆钳工。从事车辆工作 30 多年来,创造了安全检查、测量、选配 51 万条轮对无差错、两轮高低标准不差 1 mm 的全路车辆轮对安全检查单项最高纪录,被誉为全路车辆系统的“神尺子”。

8. 郭晋龙精神——勇攀科技高峰

郭晋龙(退休),呼和浩特焊轨段高级工人技师。在岗工作 43 年,从只有初中文化的电工一步步成长为电气设备维修方面的权威,主持和参与了多项大型技术攻关,攻克了多个技术难题,先后获得省部级以上荣誉 28 项,获国家发明专利 5 项,实用型专利 10 项。他组织研发的“钢轨焊缝双频正火设备及工艺”,荣获 2010 年度国家科学进步二等奖,成为中国铁路和内蒙古自治区工人登上国家科技最高领奖台的第一人。

9. 乌海西二公寓精神——爱岗敬业 艰苦创业 高标兴业

乌海西二公寓地处黄河西岸大漠戈壁、乌兰布和沙漠边缘的重工业密集区,于 1958 年 11 月建成并投入使用。多年来,全体干部职工自己动手改善公寓周边生态环境,积极开展“创建和谐舒适乘务之家”活动,实现了 52 年安全叫班无事故。他们努力提升公寓文化品位,用心血和汗水把公寓打造成了机车乘务员的温馨小家、文化家园、精神加油站、污染区里的生态园,先后被授予全国模范职工小家、全区职工书屋等称号，被原铁道部政治部授予全国铁路党内优质品牌。

10. 抗击暴风雪精神——战特大暴风雪 保旅客平安

2010 年 1 月 3 日，集通铁路遭遇历史罕见的暴风雪袭击，哈尔滨至包头的 1814 次旅客列车被困集通铁路 K28＋466 处，1 400 多名旅客和乘务人员生命安全受到严重威胁。呼铁局 5 000 多名抢险人员与暴风雪展开了长达 30 多小时的鏖战，在最短时间内解救了受困旅客，清挖出被埋客车，抢通了线路，实现了被困旅客无一人受冻、无一人挨饿、无一人缺水、无一人发生意外，赢得了广大旅客、社会各界和新闻主流媒体的高度赞誉。2010 年 1 月 7 日，国务院副总理在全路工作会议中两次表扬呼铁局应急抢险工作。

11. 孙奇精神——全心全意为旅客服务

孙奇（已故），呼和浩特站售票员，曾当选第四届全国道德模范，先后获得全国“五一”、全国职工职业道德建设十佳个人等荣誉。孙奇从事售票员工作期间，总结提炼“七字售票作业法”“十二句服务规范用语”，打造了以自己名字命名的“孙奇党员售票示范窗口”，并且长期学习雷锋、助人为乐，累计做好事上千件。2010 年，她身患癌症，仍然心系岗位、情系旅客，病情稍有好转就回到岗位继续服务旅客。2013 年 9 月，孙奇因病去世，年仅 41 岁。呼铁局党委将每年的 9 月确定为“学孙奇活动月”，传承和发扬好孙奇精神。

12. 峻屹爱心服务精神——把爱心传递下去

李峻屹，呼和浩特站托克托东站客运值班员，曾获得全国职业道德建设先进个人、全区道德模范等荣誉。二十多年如一日工作在铁路客运岗位，他时刻保持饱满的工作热情，为南来北往的旅客提供暖心服务。他倡议成立“峻屹爱心服务队”，让道德模范精神一路传承，将服务队延伸到管内 5 个客运火车站，义务帮扶重点旅客近万人次，总结出五个“多一点”服务理念、6S 服务标准和七项重点服务，带领团队获得全国工人先锋号、全区学雷锋活动示范点等荣誉。

13. 其木格精神——帮人帮到底

其木格，二连站退休职工，现任二连浩特市慈善总会名誉会长。

1996 年退休后，她积极投身慈善事业，从无偿资助贫困学子圆梦大学，到义务为困难家庭申请低保……她把青春献给边疆铁路事业，用余热温暖人民群众，被亲切地称为“爱心奶奶”，先后获得全区优秀共产党员、全区第五届道德模范、中国好人等荣誉。

14. 杜海宽精神——奉献一辈子，干好一件事

杜海宽，包头西机务段的一名电力机车司机。杜海宽同志自参加工作以来，一直奋战在机车乘务第一线，坚持把标准养成习惯、让习惯符合标准，创造了连续 36 年零违章、零违纪、零责任机破、零责任晚点、零旅客投诉的“五零”纪录，取得了安全运行 5 500 多趟、160 多万 km 的好成绩。他身上体现出的工作作风、道德修养、处事风格，凝结成以“奉献一辈子，干好一件事”为精髓的“杜海宽精神”，请扫描二维码 10 观看纪录片《杜海宽》。

二维码 10
《杜海宽》

15. 张敬钰精神——不懈奋斗 无畏前行

张敬钰，呼和浩特客运段南宁车队 Z338/5 次四组列车长。2020 年初，新冠肺炎来势汹汹，张敬钰带领班组穿越湖北孝感、武汉、咸宁等疫情严重地区，取得了人员零感染、列车零传播的防控成果，成了“最美逆行者”。先后获得全国抗击新冠肺炎疫情先进个人、全国五一劳动奖章、全国五一巾帼标兵、全国铁路先进女职工、全区岗位学雷锋标兵等荣誉。

第四节　职工诉求和思想问题“双闭环”管理机制

一、重要意义

集团公司地处内蒙古自治区中西部，管内三分之二以上干部职

工工作生活在条件艰苦的沿线站区，改善生产生活条件、提升文化需求的愿望迫切、诉求较多，反馈渠道单一。随着网络信息技术和社会舆论环境的发展变化、铁路管理体制机制改革的深入推进，职工思想观念更趋多变、价值取向更趋多元、利益诉求更趋多样。集团公司借助网络新媒体平台，积极探索集“倾听群众心声、收集群众意见、汲取群众智慧、回应群众关切、解决群众困难、排解群众思想疙瘩”的“双闭环”管理机制，对于统一全员思想、稳定职工队伍、推动改革发展具有十分重要的意义。

二、发展历程

2013 年，集团公司党委建立实施职工诉求和思想“双闭环”管理长效机制，及时了解掌握职工思想动态，推动问题研究解决。2017 年，对网络互动交流直通车和呼铁手机报信息系统进行全面优化升级，并拓展到了集团公司“呼铁办公”微信企业号，同时研发精准化思想政治工作系统，实施精准化思想政治工作。2023 年，对网络互动交流直通车进行改版优化。时至今日，形成了职工意见收集、研究、解决、督办、反馈的闭环管理平台，实现了听民声、解民意常态化、长效化，做到解决实际问题与解决思想问题“双闭环”。

三、建言诉求反馈渠道

目前，职工诉求和思想问题“双闭环”管理机制有董事长、总经理信箱，网络互动交流直通车，呼铁手机报，“草原铁路”微博、微信，工会意见征集平台，地区职工服务中心，人民铁道网“心声/留言”栏目，值班电话，月度职工思想动态分析报告 9 种建言诉求渠道。

为进一步激发干部职工积极性主动性创造性，凝聚起建设现代化呼铁的强大合力，集团公司将职工诉求和思想问题“双闭环”工作“金点子”评选升级为优秀建言评选，每季度筛选 10 条以内优秀建言，评选出一、二、三等奖，分别给予 1 000 元、600 元、300 元奖励。

第八章

党团工作

第一节　党的组织工作

集团公司第一次党员代表大会以来，坚持以习近平新时代中国特色社会主义思想为指导，认真学习贯彻习近平总书记重要讲话、重要指示批示精神和党中央决策部署，以深入学习贯彻党的二十大精神为动力，聚焦推动铁路高质量发展、率先实现铁路现代化、勇当服务和支撑中国式现代化建设的"火车头"，着眼服务内蒙古自治区完成好"五大任务"和全方位建设"模范自治区"，深入落实新时代党的建设总要求和新时代党的组织路线，深入推进新时代党的建设新的伟大工程，坚持和加强党的全面领导，健全全面从严治党体系，以高质量党建引领保障高质量发展，不断开创建设现代化呼铁的新局面。

一、着力深化思想政治引领

坚持把政治建设摆在首位，深刻领悟"两个确立"的决定性意义，不断增强"四个意识"、坚定"四个自信"、做到"两个维护"。坚决落实习近平总书记对铁路工作的重要指示批示精神和党中央决策部署，主动服务"一带一路"、西部大开发、黄河流域生态保护和高质量发展等重大战略，助力打好脱贫攻坚战、"双碳"变革战，做到中央有号召、党组有部署、呼铁有行动。深入学习贯彻习近平新时代中国特色社会主义思想，健全落实党委会"第一议题"制度，持续开展中心组学习、集中培训、专题讲座和阐释宣贯。认真学习贯彻党的十九大、党的二十大精神，扎实开展"不忘初心、牢记使命"主题教育、党史学习教育，把学习贯彻习近平新时代中国特色社会主义思想主题教育和党纪学习教育、推进"两学一做"学习教育常态化、制度化，党员干部受到深刻政治教育和思想洗礼。严格落实新形势下党内政治生活若干准则，加强民主集中制建设，严明政治纪律和政治规矩。深化政治机关建设，“第一方阵”作用充分发挥。

二、着力增强党委领导作用

坚持以习近平总书记关于党的建设和国有企业改革发展的重要论述为指导，认真贯彻“两个一以贯之”要求，着力在完善公司治理中加强党的领导。深化“四同步四对接”机制，指导所属党委按期换届，确保党的组织和党的工作全覆盖。明确党组织的法定地位，集团公司本级和所属公司制企业完成党建入章。加强党委会建设，细化落实党委会工作细则、议事规则和决策“三重一大”事项实施细则，严格执行先行研究讨论经营管理重大事项前置程序，明晰治理主体权责边界。在全路先行先试站段领导班子“1＋8”工作机制，推动党的领导全面贯通到一线。

三、着力建好干部人才队伍

坚持党管干部、党管人才，按照好干部标准选贤任能，树牢正确选人用人导向。健全完善领导人员选拔任用工作实施办法等制度，开展局管领导班子定期考核和领导人员任期考核。强化干部选、育、管、用工作，深化岗位管理，加强优秀年轻干部选拔培养，加大练功比武尖子培养使用力度，健全能上能下、容错纠错和工作督办、履职督查制度，充分激发干部队伍活力。实施“千人工程”和大学生培养“千人计划”，稳步推进全日制大学毕业生培养使用，择优招录大学毕业生，组织大专（高职）毕业生进行“2＋1”定向培养，深化青年职工成长成才教育。加强技能人才培养，深化职称评聘制度改革，完善培训、练兵、比武、晋级工作机制，建成铁路技能大师工作室 12 个。

四、着力强化组织基础建设

坚持抓基层、打基础、强基本，制定落实全面从严治党主体责任清单，修订党建工作责任制实施细则，定期组织季度交叉互检、年度检查评估和述职评议考核，逐级压紧压实党建责任。实施新时代基层党组织建设“强基提质”工程，扎实开展“三会一课”质量年、党建质量提升年活动，深化党支部标准化规范化建设，定期开展季度交叉互检、年度检查评估和述职评议考核，软弱涣散和“灯下黑”问题得到有效解决。强化党支部书记队伍建设，实施首任专职车间党支部书记审核把关制度，选拔优秀年轻党员大学生挂职车间党支部副书记、担任班组党支部书记，推动党支部建设质量整体提升。

五、着力加强党员教育管理

坚持严在日常、抓在经常，深入落实《中国共产党党员教育管理工作条例》，每 5 年把全体党员轮训一遍，党员每年参加集中培训和集体学习时间不少于 32 学时，建成局级党性教育场馆 19 个。规范组织关系管理和党费收缴使用，建立“失联”“三不”及违法违纪党员排查机制，保持党员队伍先进性纯洁性。围绕重大任务深化党内主题实践活动，持续压减党员“两违”率、扩大“三亮”率、提升增收创效率、拓展“三保”覆盖率，在急难险重任务中发挥党组织和党员作用。严把发展党员质量关，逐步提高生产一线和班组长岗位党员比例。

第二节　共青团组织工作

一、集团公司共青团基本概况

1. 团员青年基本概况。呼和浩特局集团公司现有 35 岁以下青年 29 千余人，占职工总人数的 45％；团员近 9 千人，占青年人数的 31％；所属单位专职团干部 36 名。

2. 共青团组织基本概况。集团公司现设基层团组织 44 个，其中团委 41 个、团工委 2 个、直属团支部 1 个。集团公司各单位团组织下设团总支 36 个、团支部 485 个。

3. 共青团中国铁路呼和浩特局集团有限公司第一次代表大会于 2023 年 11 月 16 日在呼和浩特市召开,如图 8-1 所示。

图 8-1　集团公司共青团第一次代表大会

扫描二维码 11 观看《呼铁青年 青春接力》。

二维码 11
《呼铁青年
青春接力》

二、党建带团建基本情况

集团公司党委高度重视共青团和青年工作,拿出极大精力抓青年工作,支持共青团创造性开展工作。制定并下发了《集团公司党委关于加强和改进新时代集团公司共青团和青年工作的意见》(呼铁党办〔2024〕20 号)文件,为更好地完成团结青年、组织青年、动员青年建设现代化呼铁的使命任务提供有力支持和保障。制定并下发了《关于成立青年工作委员会的通知》(呼铁党办〔2024〕24 号)文件,成为全路第一家成立青年工作委员会的单位,进一步体现了集团公司青年发展事业的工作格局。

三、集团公司共青团品牌工作介绍

呼和浩特局集团公司团委紧紧围绕建设“八快八新”现代化呼

铁的工作大局,牢牢把握“三个根本性问题”,持续设计、优化工作载体,着力打造工作品牌,呼铁共青团引领力、组织力、服务力及大局贡献度有力提升。制定下发《中国铁路呼和浩特局集团有限公司团委关于开展“一团一品”创建工作的通知》(呼铁团通〔2022〕3 号),指导各单位持续推进“一团一品”(即一个单位一个共青团工作品牌)创建,形成了共青团品牌和亮点工作百花齐放、百家争鸣的良好态势。集团公司共青团品牌工作导图如图 8-2 所示。

1.“青马工程”

“青马工程”全称为青年马克思主义者培养工程,2018 年启动实施,通过思想淬炼、政治历练、实践锻炼、专业训练等载体形式,坚持把青年业务骨干培养成为政治骨干,把青年政治骨干锻炼成为业务骨干,旨在为建设现代化呼铁培养和输送一批政治和业务都过硬的青年骨干。

2.“青春呼铁”微信公众号

“青春呼铁”微信公众号于 2013 年 7 月正式开通,旨在充分发挥手机端媒优势,持续加强对团员青年在网络上的思想引领和价值引导,提高团组织服务青年质量。“青春呼铁”微信公众号下设菁心、菁力、菁之家三个板块,涵盖榜样力量、普法新视野、心灵解压舱、青马微课、一团一品、菁年夜话等 12 个专题。

3. 学技对标 双创双控

呼和浩特局集团公司团委于 2015 年印发《深化“学技对标‘双创双控’”活动的实施意见》(呼铁团通〔2015〕3 号),以创建“安全生产先进团支部”“青年安全生产示范岗”为目标,聚焦强化青工业务技能和标准化作业能力,广泛开展青工安全警示教育、青工岗位学技练功、青工安全文化建设等工作,引领广大团员青年养成“遵章守纪、按标作业”的好习惯,提升“把标准养成习惯,让习惯符合标准”的安全意识,为集团公司安全生产贡献力量。

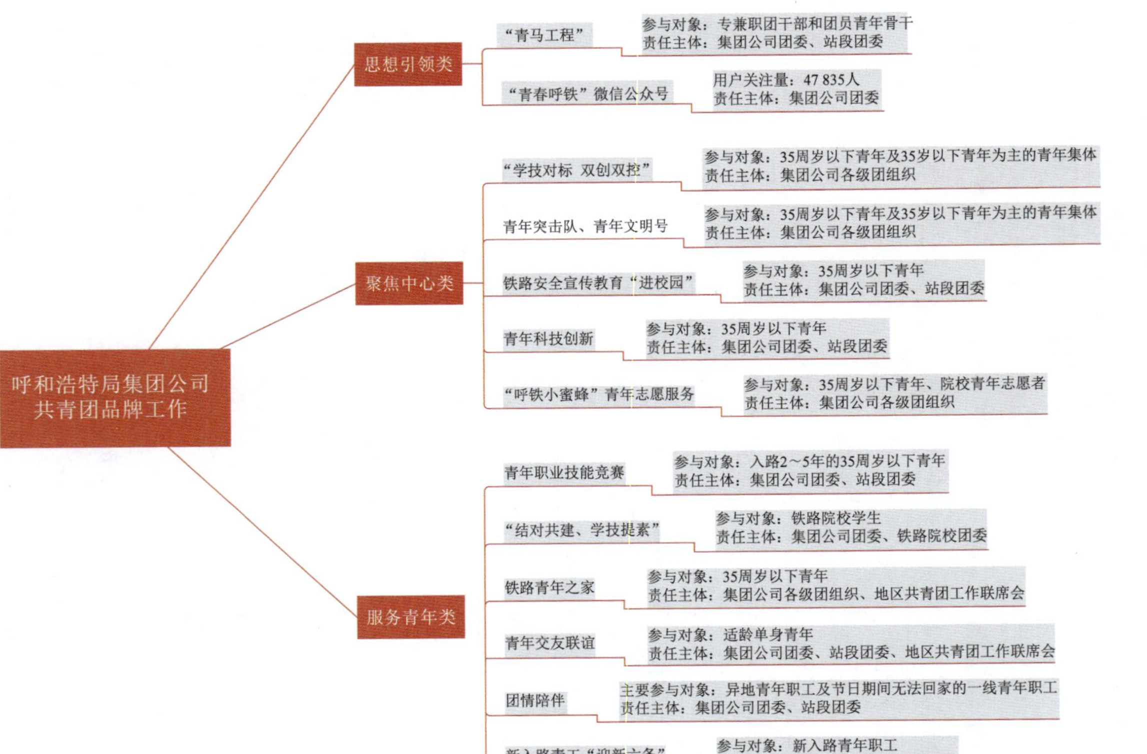

图 8-2 集团公司共青团品牌工作导图

4. 青年突击队、青年文明号

青年突击队人数一般在5人以上，35岁以下青年占60%以上，主要围绕铁路重点任务、各类“急难险重新”工作，冲锋在前、突击奉献、奋勇争先。集团公司团委指导各单位规范开展青年突击队建设、报备工作，做好力量储备和应急演练，围绕中心工作及重点时期发挥作用。青年文明号以“敬业、协作、创优、奉献”为共同理念，争创集体人数原则上在6～200人之间，其中35周岁以下青年占50%以上，至少一名争创集体负责人年龄不超过40周岁。

5. 铁路安全宣传教育“进校园”

以共青团组织、安监部门、公安部门和沿线地方共青团、少先队组织、教育部门为主导，由集团公司各工务、综合维修段，各车务站段落实主体责任，对铁路站区及沿线两侧2.5 km范围内中小学校进行全覆盖包保，由相关单位团组织以“知路爱路护路，共筑平安铁路”为主题，广泛开展铁路安全宣传教育，在“5.26”爱路日当天开展统一行动，营造浓厚宣传氛围，促进沿线青少年健康成长，维护铁路运输安全。

6. 青年职业技能竞赛

呼和浩特局集团公司青年职业技能竞赛体系包含由各单位牵头开展的“双创杯”青工学练赛，原则上全年各类工种全覆盖；由集团公司团委联合内蒙古自治区团委青年发展部以及集团公司职工培训部、相关业务部门举办的“振兴杯”全区青年职业技能竞赛，原则上每年举办1次，授予取得认可名次的选手“青年岗位能手”称号；由集团公司团委联合职工培训部以及相关业务部门举办的“双创杯”新入路青年职业技能竞赛暨“振兴杯”铁道行业青年职业技能竞赛区域选拔赛，原则上每年举办1次，授予取得认可名次选手“青年岗位能手”称号。

7. 结对共建、学技提素

由集团公司团委联合相关业务部门，面向包头铁道职业技术学院、呼和浩特职业学院铁道系应届学生举办的“结对共建、学技提素”院校赛道职业技能竞赛，原则上每年举办 1 次，授予优秀选手“青年学技提素标兵”称号。

8. 青年科技创新

包括青年“五小”攻关、微改革、微创新等创效活动及青年针对修旧利废、节支降耗、提升质效等方面的建言献策活动。同时鼓励团员青年积极参与各级科技立项攻关，形成青年科技创新成果，以年度为周期推报参评“全路青年科技创新奖”。支持站段团委挖掘、凝聚、吸纳青年创新骨干及青年技术骨干，发起并组建青仝创新工作室，支持现有青年科技团体加入铁路青年科技共同工作者协会。呼和浩特局集团公司现有 7 个全路青仝创新工作室及 10 个铁路青年科技工作者协会集团公司会员单位。

9. 呼铁“小蜜蜂”青年志愿服务

主要包括旅客运输志愿服务及路外环境整治志愿服务工作。其中**旅客运输志愿服务**主要针对客流量较大的客运车站，在春暑运、各类小长假等重点时期，由集团公司团委提前招募路内外青年志愿者，严格落实岗前 16 h 培训及考试通过后，由车站指导开展信息咨询、客流引导、设备协助、重点旅客帮扶等志愿服务工作，工作期间严格执行“四条红线”和“八个不准”。**路外环境整治志愿服务**结合季节、地区等实际情况，常态化开展。呼铁青年志愿者以黄色马甲及铁路志愿者“心手标”为主要标识，统称为呼铁“小蜜蜂”。

10. 铁路青年之家

关心重视青年 8 h 以外生活，由共青团组织牵头，工会、土房等部门配合，在铁路青年集中的单身宿舍和铁路社区设立，是联系、凝聚、服务铁路青年的阵地和载体。呼和浩特局集团公司目前设立地区铁路青年之家 1 个(呼和浩特地区铁路青年之家)，在青年单身宿舍及综合维修基地命名青年之家 9 个，常态化依托青年之家孵化菁年跑团等自组织，支持各类自组织开展菁年夜话直播、菁年跑团线下跑、菁年音乐节等文体活动。图 8-3 所示为菁年跑团线下跑活动合影。

图 8-3　菁年跑团线下跑活动

11. 青年交友联谊

呼和浩特局集团公司团委自 2012 年起，联合工会、关工委在全局范围内常态化举办单身青年交友联谊活动，持续为单身青年提供定制化、精准化婚恋交友服务。2023 年，呼和浩特局集团公司团委下发《关于联合开展单身青年婚恋交友工作的指导意见》(呼铁团〔2023〕8 号)，在各单位建立单身青年信息库并以半年为周期进行动态更新，以年度为周期在各地区举办大型交友联谊活动，在各单位全覆盖式开展小型、灵活、多样的交友活动。2023 年 5 月 26 日，集团公司首届青年集体婚礼在呼和浩特举办。青年集体婚礼如图 8-3 所示。

图 8-4　集团公司首届青年集体婚礼在呼和浩特举办

12. 团情陪伴

呼和浩特局集团公司团委于 2013 年首次开展“团干部与新职异地青年共度大年夜”活动,至此每年除夕均在全局范围内统计除夕夜异地不能回家过年青工数量及在岗工作的青工数量和分布情况,组织管内专兼职团干部开展“团情陪伴 共度除夕”活动。同时在端午、中秋、国庆等节日均开展常态化陪伴和倾听活动,服务青年安心在岗需求。截至 2024 年,呼和浩特局集团公司团委已连续 12 年开展“团情陪伴”活动。

13. 新入路青工“迎新六条”

呼和浩特局集团公司团委于 2021 年下发《关于围绕新入路青年持续开展共青团工作的通知》(呼铁团通〔2021〕6 号),首次提出“迎新六条”,具体指做好迎新关怀帮助、编印迎新实用手册、开展团籍筛查认定、强化局情段史教育、开展成长分享活动、密切家企沟通联系六项工作,原则上于每年新入路青工到岗后开展。

四、集团公司共青团荣誉体系介绍

1. 集团公司优秀青年。每两年评选一次,单数年评选表彰,双数年培养推优,每届集团公司优秀青年评选人数控制在 100 人左右。

2. 集团公司“两红两优”。具体指五四红旗团委、五四红旗团支部、优秀共青团员、优秀共青团干部,每年五四青年节前后集中评选表彰一次。

3. 集团公司级青年文明号。实行届次评选制,两年为一个创建周期,单数年备案创建,双数年评选表彰。

4. 集团公司级“双创”集体。具体指安全生产先进团支部、青年安全生产示范岗,每年开展 1 次集中创建报备及命名表彰。

5. 集团公司级青年岗位能手。每年集中评选一次,实行逐级推报制,符合相关条件均可认定。

第九章

劳动用工

第一节 劳动用工管理

一、集团公司劳动用工管理办法

1. 集团公司依据国家有关政策规定，按计划、按条件、按程序做好新增职工录用工作。根据国铁集团相关规定制定招聘方案，严格执行招聘程序，除按照国家有关规定应当录用的人员外，原则上实行公开招聘。

新增职工的主要来源是符合录用条件的应届全日制普通高等院校、全日制高等职业学校毕业生，符合国家安置条件的退役军人以及符合企业录用条件的其他人员。

2. 录用的新增职工除应符合国家有关政策规定和录用基本条件外，还应具备拟任岗位规定的年龄、学历、专业、身体素质等其他任职条件。录用女职工应符合国家《女职工劳动保护特别规定》(国务院令第619号)。

3. 录用的新增职工，凡属于国家和国铁集团规定实行准入类职业(执业)资格证书制度的工作岗位，必须取得相应职业(执业)资格证书(或职业技能等级证书)及其他规定条件后方可上岗。

4. 各单位根据集团公司公布的定员人数和岗位标准，结合生产作业方式、作业性质等因素，建立各类岗位人员调剂使用管理机制，明确人员调剂条件、程序、相关工作要求等内容，加强和规范内部人员调剂管理，促进职工合理流动。对在操作技能岗位上定职后，工作满3年且表现特别优秀的全日制大学本科毕业生，经集团公司人事部(党委组织部)审批，在有编制的条件下，通过公开竞聘等方式，可选拔充实到管理和专业技术岗位；无定员编制时不得超编制选拔。

5. 操作技能岗位职工在集团公司范围内办理对调，由职工本人在配置平台发布对调信息，经单位审核、系统匹配、考核择优和公示等程序后，由劳动和卫生部办理调转手续。

6. 加强新增职工岗位管理，原则上新增职工定职后工作满3年方可提出调转需求；操作技能岗位人员调转后新岗位工作满3年方可再次提出调转需求。如有特殊情况，由单位向集团公司书面申报，批准后方可办理。

7. 落实国家有关深化职称制度改革、分类推进人才评价机制改革、提高技术工人待遇和实现高技能人才与工程技术人才职业发展贯通等政策要求，建立完善人才评价与培养使用激励相联系的工作机制，贯通各类人才职业发展通道，激发各类人才创新创造活力，促进各类人才深度融合发展。

8. 健全完善高层次专业技术人才和操作技能人才评选表彰制度，通过周期性选拔和组织职业技能竞赛等方式，做好高层次专业技术人才和操作技能人才选拔表彰工作。积极推荐集团公司优秀专业技术人才和操作技能人才参加国铁集团、省部级或国家高层次专业人才的评选表彰。

9. 鼓励各单位开展科研开发、技术创新、合理化建议，在成果评比中对基层单位给予倾斜，充分发挥优秀技能人才在生产工作中的引领、示范、传承作用。集团公司各业务部门建立本系统优秀技能人才库，健全高技能人才评价选拔体系，搭建以职业素质和职业技能为导向，以工作业绩为重点，突出解决现场技术难题、研究先进成果、传授技艺和小改小革等要素的基本评价标准，加快技能人才培养选拔。

各单位要做好高技能人才培养使用工作，大胆使用表现突出的优秀技能人才，营造崇尚技能、鼓励创新的良好氛围，形成有利于高技能人才成长和发挥作用的制度环境。

10. 大力实施“千人工程”和工匠引领工程，大力弘扬以“专业、专心、专注”为核心内涵的铁路工匠精神，做好专业带头人、专业拔尖人才、骨干人才的培养选拔及推荐国铁集团专业领军人物、专业带头人、专业拔尖人才、铁路工匠和呼铁工匠候选人工作，构建集团公司骨干人才队伍体系，推动集团公司人才队伍建设。

二、集团公司劳动合同管理实施细则

1. 劳动合同分为固定期限劳动合同、无固定期限劳动合同和以完成一定工作任务为期限的劳动合同。

与劳动者协商一致，可以订立固定期限、无固定期限或者以完成一定工作任务为期限的劳动合同。

2. 与劳动者订立劳动合同时，有下列情形之一的，除劳动者以书面形式提出订立固定期限劳动合同外，应当与其订立无固定期限劳动合同：

(1)劳动者在国铁集团系统用人单位连续工作满十年的；

(2)与国铁集团系统用人单位连续订立二次固定期限劳动合同，且劳动者没有本细则第三十五条和第三十六条第一项、第二项规定的情形，续订劳动合同的；

(3)法律、行政法规规定的其他情形。

3. 集团公司招收录用的学校毕业生等人员，初次签订劳动合同时，合同期限一般为一至二年；引进的特殊人才初次签订三年固定期限劳动合同；符合国家安排工作条件的退役军人签订无固定期限劳动合同。国家、国铁集团另有明确的，按照规定执行。

首次续签劳动合同一般为三年。

4. 新招收录用的劳动者劳动合同期限一年以上不满三年的，试用期不得超过二个月；三年以上固定期限和无固定期限的，试用期不超过六个月。试用期包含在劳动合同期限内。续订劳动合同不再约定试用期。国铁集团系统内调入的，不约定试用期。

用人单位加强新招收录用劳动者试用期管理，明确新招收录用劳动者的录用条件，对在试用期内被证明不符合录用条件的，应按照本细则第三十五条第一项规定，依法解除劳动合同。

5. 用人单位依法与劳动者建立劳动关系，自用工之日起一个月内与劳动者订立书面劳动合同。

6. 劳动合同由用人单位法定代表人或其授权委托代理人与劳动者签订。受用人单位法定代表人授权委托的代理人不得再行委托。

7. 劳动者在国铁集团系统用人单位之间调动工作，原用人单位应与其解除劳动合同，由新用人单位与其重新签订劳动合同。

8. 劳动者在集团公司所属单位之间调转时，不重新签订劳动合同。

9. 用人单位与劳动者双方需订立培训、保密和竞业限制补充协议的，应按照本细则第八条、第九条规定进行订立。

10. 集团公司对从其他用人单位调入和招收录用的劳动者，在确认该劳动者与其他用人单位无劳动关系后，再与其签订劳动合同。

11. 劳动合同由用人单位与劳动者协商一致，并经用人单位与劳动者在劳动合同文本上签字后加盖“中国铁路呼和浩特局集团有限公司劳动合同专用章”后生效。

劳动合同文本及后续签订作为合同附件的各类协议，均为一式两份，由用人单位与劳动者各执一份。用人单位保留的文本存入劳动者本人档案。

12. 自用工之日起一个月内，经用人单位书面通知后，劳动者不与用人单位订立书面劳动合同的，用人单位书面通知劳动者终止劳动关系，无须向劳动者支付经济补偿。

13. 用人单位与劳动者应当按照劳动合同的约定，依法、全面履行各自的义务。

14. 用人单位应当按照劳动合同约定和国家规定,向劳动者及时足额支付劳动报酬。

15. 用人单位应严格执行国家关于职工工作时间的有关规定,依法保证劳动者休息休假的权利。因工作、生产需要,可依据国家法律法规有关规定延长劳动者工作时间,并依法支付劳动者高于正常工作时间的工资报酬。

16. 劳动者应按照用人单位安排的工作内容和要求,认真履行岗位职责,按时完成工作任务,遵守用人单位依法制定的规章制度。

17. 用人单位变更名称、法定代表人或委托代理人、主要负责人、投资人等事项,不影响劳动合同履行。

18. 用人单位发生合并或者分立等情况,原劳动合同继续有效,劳动合同由承继其权利和义务的用人单位继续履行。

19. 用人单位与劳动者协商一致,可以变更劳动合同约定的内容。变更劳动合同采用书面形式,由用人单位与劳动者双方签订《劳动合同变更协议》。

职工因病(伤)医疗期满不能从事原工作,也不能从事由用人单位另行安排的工作的,提供劳动能力鉴定等相关证明材料后,经单位集体决策同意,与用人单位订立《长(病)休协议》,视同劳动合同变更,协议应明确待遇及双方需要约定的其他有关事宜。

20. 劳动者涉嫌违法犯罪被有关机关拘留或逮捕的,用人单位在其被限制人身自由期间,可与其暂时停止劳动合同的履行。暂时停止履行劳动合同期间,用人单位不承担劳动合同规定的相应义务。劳动者经证明被错误限制人身自由的,暂时停止履行劳动合同期间劳动者的损失,可由其依据《国家赔偿法》要求有关部门赔偿。

21. 用人单位与劳动者协商一致,可以解除劳动合同。

22. 劳动者提前三十日以书面形式通知用人单位,可以解除劳动合同。劳动者在试用期内提前三日通知用人单位,可以解除劳动合同。

23. 用人单位有下列情形之一的，劳动者可以解除劳动合同：

(1)未按照劳动合同约定提供劳动保护或劳动条件的；

(2)未及时足额支付劳动报酬的；

(3)未依法为劳动者缴纳社会保险费的；

(4)用人单位的规章制度违反法律、法规的规定，损害劳动者权益的；

(5)法律、行政法规规定劳动者可以解除劳动合同的其他情形。

24. 劳动者有下列情形之一的，用人单位应依法解除劳动合同：

(1)在试用期内被证明不符合录用条件。

①伪造身份证、学历证书、学位证书、职业资格或职业技能等级证书等与录用有关证明材料的；

②隐瞒影响从事本岗位工作病史的；

③隐瞒与其他用人单位存在劳动关系或处在竞业限制期的；

④不能提供建立社会保险关系、档案关系等资料的；

⑤有违法违纪或严重违反用人单位规章制度行为的；

⑥经考核不能胜任岗位工作要求的；

⑦不符合录用条件的其他情形。

(2)严重违反用人单位规章制度。

①违反用人单位劳动(工作)纪律，连续旷工达到十五个工作日及以上，或一年之内累计旷工达到三十个工作日及以上的；

②破坏、盗窃铁路设备、设施的；

③被公安机关强制隔离戒毒或因吸食、注射毒品被公安机关处10日及以上行政拘留的；

④违反规定在工作时间内饮酒危及铁路运输安全的；

⑤造成旅客死亡的一般A类旅客列车铁路交通事故的直接责任人，造成较大及以上铁路交通事故或生产安全事故的直接责任人；

⑥用人单位因工作需要合理调整工作岗位、工作地点，拒不服

从调整的；

⑦用人单位指派参加抢险救灾、事故救援等应急事件处置，拒不服从指派的；

⑧新职人员在规定时间内未取得任职资格的；

⑨严重违反用人单位规章制度的其他情形。

(3)严重失职、营私舞弊，给用人单位造成重大损害的。

(4)劳动者同时与其他用人单位建立劳动关系，对完成用人单位工作任务造成严重影响，或者经用人单位提出，拒不改正的。

(5)劳动者以欺诈等手段使用人单位在违背真实意思的情况下订立或者变更劳动合同，致使劳动合同无效的。

(6)被依法追究刑事责任的。

25. 有下列情形之一的，用人单位提前三十日以书面形式通知劳动者本人或者额外支付劳动者一个月工资后，可以解除劳动合同：

(1)劳动者患病或者非因工负伤，在规定的医疗期满后不能从事原工作，也不能从事由用人单位另行安排的工作的；

(2)劳动者不能胜任工作，经过培训或者调整工作岗位，仍不能胜任工作的；

(3)劳动合同订立时所依据的客观情况发生重大变化，致使劳动合同无法履行，经双方协商，未能就变更劳动合同内容达成协议的。

26. 劳动者有下列情形之一的，用人单位不得依照本细则第三十六条的规定解除劳动合同：

(1)从事接触职业病危害作业的劳动者未进行离岗前职业健康检查，或者疑似职业病病人在诊断或者医学观察期间的；

(2)在用人单位患职业病或者因工负伤并被确认丧失或者部分丧失劳动能力的；

(3)患病或者非因工负伤，在规定的医疗期内的；

(4)女职工在孕期、产期、哺乳期的；

(5)在国铁集团系统用人单位连续工作满十五年，且距法定退休年龄不足五年的；

(6)法律、行政法规规定的其他情形。

27. 有下列情形之一的，劳动合同终止：

(1)劳动合同期满的；

(2)劳动者开始依法享受基本养老保险待遇的；

(3)劳动者死亡，或者被人民法院宣告死亡或者宣告失踪的；

(4)用人单位被依法宣告破产的；

(5)用人单位被吊销营业执照、责令关闭、撤销或者用人单位决定提前解散的；

(6)法律、行政法规规定的其他情形。

28. 劳动合同期满，有本细则第三十七条规定情形之一的，劳动合同应当续延至相应的情形消失时终止。但是，本细则第三十七条第二项规定丧失或者部分丧失劳动能力劳动者的劳动合同的终止，按照国家有关工伤保险的规定执行。

29. 有下列情形之一的，用人单位依法向劳动者支付经济补偿：

(1)劳动者依照本细则第三十四条规定解除劳动合同的；

(2)用人单位依照本细则第三十二条规定向劳动者提出解除劳动合同并与劳动者协商一致解除劳动合同的；

(3)用人单位依照本细则第三十六条规定解除劳动合同的；

(4)除用人单位维持或者提高劳动合同约定条件续订劳动合同，劳动者不同意续订的情形外，依照本细则第三十八条第一项规定终止固定期限劳动合同的；

(5)法律、行政法规规定的其他情形。

30. 经济补偿一般按劳动者在用人单位的工作年限计算。

对因工作需要调入集团公司并依法签订劳动合同的劳动者，经济补偿的工作年限还包括在原用人单位的工作年限。原用人单位已经向劳动者支付经济补偿的，原用人单位的工作年限不再作为经济补偿年限计算。

31. 经济补偿按工作年限每满一年支付一个月工资的标准向劳动者支付。六个月以上不满一年的，按一年计算；不满六个月的，向劳动者支付半个月工资的经济补偿。

劳动者月工资高于用人单位所在直辖市、设区的市级人民政府公布的本地区上年度职工月平均工资三倍的，向其支付经济补偿的标准按职工月平均工资三倍的数额支付，支付经济补偿的年限最高不超过十二年。

月工资是指劳动者在劳动合同解除或者终止前十二个月的平均工资。

32. 用人单位违法解除或者终止劳动合同，劳动者要求继续履行合同的，应当继续履行；劳动者不要求继续履行合同或者合同已经不能继续履行的，用人单位应按照本细则第四十二条规定的经济补偿标准的二倍向劳动者支付赔偿金。

33. 劳动者违反劳动合同有关约定或违法解除劳动合同，给用人单位造成损失的，应承担赔偿责任。

劳动者违反法律法规规定的服务期或保守秘密、竞业限制约定的，应向用人单位支付违约金。

34. 办理解除或终止劳动合同的程序及手续：

(1)用人单位单方与劳动者解除劳动合同的，应事先将理由通知同级工会组织。用人单位应当研究工会组织的意见，并将处理结果书面通知工会组织。

(2)用人单位应当在解除或者终止劳动合同时出具《解除(终止)劳动合同证明》(单位法定代表人或委托代理人签名或盖章，加盖“中国铁路呼和浩特局集团有限公司劳动合同专用章”后生效)，并依法送达劳动者。劳动者应配合用人单位在十五日内办理人事档案和社会保险关系转移手续。解除或者终止劳动合同的证明，应写明劳动合同期限、解除或者终止劳动合同的日期、工作岗位、在本单位的工作年限。

送达方式如下：

①直接送达。单位应派两名以上工作人员，将《解除（终止）劳动合同证明》直接送达职工本人签收；职工本人不在的，交其同住成年亲属签收。送达职工本人拒绝签收的，送达人应在备注内记明情况，并请有关基层组织的代表或者其他人到场见证，由见证人在《送达回执》上签字后，将《解除（终止）劳动合同证明》留置送达。有条件的单位应采取拍照、录像的方式记录送达过程。

②邮寄送达。直接送达有困难的可邮寄送达，以挂号查询回执上注明的收件日期为送达日期。

③公告送达。只有在被送达职工下落不明，或者用上述送达方式无法送达的情况下，方可公告送达，通过张贴公告或新闻媒介通知。自发出公告之日起，满三十日，即视为送达。

(3)劳动者应在解除或终止劳动合同之日起三日内办结工作交接。

(4)劳动者须向用人单位支付违约金或赔偿金的，在办理工作交接时支付。

(5)用人单位须向劳动者支付经济补偿的，在办结工作交接时支付。

(6)按照保密和竞业限制补充协议，用人单位需向竞业限制人员支付经济补偿的，在竞业限制期内按月给予经济补偿。

(7)劳动者配合用人单位在十五日内按规定办理人事档案和社会保险关系转移手续，涉及集团公司签订的劳动合同书由单位取出保存。

(8)单位向集团公司劳动和卫生部提报《解除劳动合同备案表》。

(9)用人单位对已经解除或终止的劳动合同书，至少保存二年备查。

35. 劳动合同期满前，用人单位与劳动者应就是否续订劳动合同进行协商。要求不予续订、终止合同的一方，应当提前三十日以书面形式通知对方。双方未就续订劳动合同提出书面意见的，视为双方协商一致同意续订劳动合同，并在原劳动合同期满三十日内办理有关续订手续，签订《劳动合同续订协议书》，程序与签订劳动合同书一致。

36. 各单位应在劳动者劳动合同期满前一个月，对劳动者开展合同期满考核，针对劳动合同履行期间的劳动态度、工作质量、安全生产、思想素质等项目综合测评，加强劳动合同续订管理。初次签订的劳动合同履行期间，劳动者有下列情形之一的，劳动合同期满用人单位不再与其续订劳动合同：

(1)劳动合同期满考核不合格的；

(2)不宜续订劳动合同的其他情形。

第二节　技能人才队伍建设

一、拓展职业发展通道

根据党中央、国务院关于加强新时代高技能人才队伍建设有关文件要求和《国铁集团党组关于加强新时代铁路技能人才队伍建设的意见》(铁党办〔2023〕21 号)等文件精神，为更好贯彻落实国家和国铁集团技能人才队伍建设工作要求，紧扣铁路高质量发展需要和生产力发展步伐，加快集团公司技能人才发展，为率先实现铁路现代化提供人才保障，集团公司制定印发了《关于规范技能津贴标准的通知》(呼铁劳卫〔2024〕84 号)《职业技能等级认定管理办法》《技师、高级技师考评聘任管理办法》和《特级技师、首席技师评聘管理办法》等相关文件。

1. 优化技能等级岗位序列。在初级工、中级工、高级工、技师、高级技师 5 个技能等级基础上，在初级工之下增设学徒工 1 个技能岗位，在高级技师之上增设特级技师、首席技师 2 个技能岗位，构建形成技能等级与技能岗位相互衔接、互为补充的铁路职业技能等级岗位序列。

2. 明确新增技能岗位界定。学徒工是指处于学徒阶段、尚未取得拟从事职业（工种）最低技能等级的新职人员。特级技师是指铁路企业专业技能精通、业绩贡献突出的优秀高技能人才。首席技师是指铁路企业专业水平领先、业绩贡献重大的高技能领军人才。

3. 促进技能人才梯队建设。以强化岗位准入管理为切入点，组织开展针对性考前培训，切实提高申报者应试水平，增强职工晋升积极性。针对院校毕业生分类开展认定工作：本科毕业生在入职半年内完成岗位要求的资格性培训和职业技能等级认定（除动车组机械师和高速铁路岗位），经单位考核合格后，及时对口定职到操作技能岗位工作；“2＋1”定向培养的高职培养毕业生入职应达到上岗要求，即通过 1 年中半年的学校理论知识培训和半年单位实习操作技能培训，完成资格性培训后参加职业技能等级认定并通过取得职业技能资格，实现入职即顶岗。

4. 明确技能等级岗位认定。学徒工的转正定级考核，由所在单位在其学徒期满和试用期满后，依据本单位有关规定进行。初级工、中级工、高级工、技师、高级技师按照职业标准和集团公司有关规定，实行逐级晋升，其中技师、高级技师实行考评结合、评聘分开。特级技师从在聘高级技师（累计聘任满 5 年）中，经综合评审产生。首席技师从在聘特级技师（累计聘任满 3 年）中，经综合评审产生。

5. 加强考核聘任管理。集团公司建立了技师、高级技师、特级、首席技师管理考核制度，对其进行周期性考核。考核内容包括：生产安全、工作业绩、职责履行、作用发挥等。考核结果分为优秀、合格、不合格三个档次。月度考核合格的，发放当月技能津贴。月度考核不合格的，不发放当月技能津贴。年度考核不合格的，及时解除聘任。

6. 健全完善激励机制。集团公司依据国铁集团标准，健全完善了技能人才技能津贴制度，鼓励支持技能人才在岗位上发挥作用、带徒传技。发放范围为：

(1)高级工取得高级工技能等级并从事本工种工作的，技能津贴每月 100 元。

(2)技师聘任后技能津贴每月 200 元。

(3)高级技师聘任后技能津贴每月 300 元。

(4)特级技师聘任后技能津贴每月 800 元。

(5)首席技师聘任后技能津贴每月 1 600 元。

二、有效发挥高技能人才作用

围绕"交通强国、铁路先行"目标任务，集团公司先后制定出台了一系列技能人才队伍建设政策措施，建立了较为科学、相对完善的技能人才制度、标准和保障体系，构建形成了以技能系列、荣誉系列为主要路径的技能人才成长通道。涌现出了一批以谭惠斌为代表的政府特殊津贴获得者，以贺润平、高云峰、付绍清为核心的工匠队伍。谭惠斌工作照如图 9-1 所示。

图 9-1　谭惠斌工作照

按照合理规划、系统创建的原则，搭建“贺润平机车电工技能大师工作室”“高云峰车辆电工技能大师工作室”“李茂国铁路信号工技能大师工作室”等省部级技能大师工作室，发挥平台集群效应打造高技能人才队伍发展新局面。贺润平检修作业如图 9-2 所示，高云峰测试电路板如图 9-3 所示。

图 9-2　贺润平检修作业

图 9-3　高云峰测试电路板

集团公司认真贯彻落实国家和国铁集团技能人才队伍建设工作要求，紧扣集团公司高质量发展需要和生产力发展步伐，健全完善技能人才培养、使用、评价、激励机制，开展职业技能等级认定，举办各层级职业技能竞赛，选拔激励优秀技能人才，技能人才队伍结构不断优化，素质不断提升。

第十章

岗位培训

第一节　岗位培训概述

职工教育培训是开发人力资源、提高职工队伍素质、强化安全风险管理、增强企业竞争力的源头工程，是一项全局性、战略性、先导性和基础性工作。随着铁路现代化建设、技术装备升级和运输任务快速增长、新建铁路开通运营和新技术、新设备、新工艺的应用，需进一步规范和加强职工教育培训工作。

按照集团公司对各类技能人才的需求，以提升职工职业素养和工作技能为核心，以主要行车工种人员培养为重点，健全培训体系，夯实工作基础，完善管理机制，通过分级管理、分类培训、机制引导等手段，加快培养一支与铁路现代化发展相适应的数量充足、结构合理、技艺精湛、素质优良的高技能人才队伍，为运输安全生产和新建(高速)铁路开通提供强有力的人才保障。

一、培训形式

岗位培训按性质可分为资格性培训和适应性培训，资格性培训是指按照岗位规范要求取得上岗、转岗、晋升资格的培训，适应性培训是指为适应生产的需要对岗位知识和技能进行深化、巩固、提高的培训。

二、教育培训制度

按照“先培训、后上岗”制度。依据《铁路特有工种技能培训规范》要求，强化职工资格性培训和岗位适应性培训。

1. 新职、转岗、晋升人员岗前必须按《铁路特有工种技能培训规范》要求，进行拟任岗位资格培训，参加职业技能鉴定并取得相应的职业资格证书和“铁路岗位培训合格证书”方可上岗。

二维码 12
《规章相伴
行稳致远》

3. 在岗职工必须按照《铁路特有工种技能培训规范》和有关规定，定期参加现任岗位适应性培训以及春（暑）运、防洪、救援等专项培训，并经考试考核合格后，方可继续履行岗位职责。请扫描二维码 12 观看《规章相伴 行稳致远》。

第二节 职工学历教育

一、学历教育工作概述

学历教育是指参加教育部承认备案的高等院校对口专业招生，按照教学计划修完全部课程，取得国民教育系列相应学历证书的教育。分为集团公司统一组织和职工自学两种形式。

集团公司统一组织的职工学历教育是指根据集团公司发展需要，有计划、有目的的组织职工参加的学历教育；职工自学的学历教育是职工结合工作需要，通过个人报考，利用业余时间，以自主学习的方式参加的学历教育。

职工参加集团公司统一组织的高中起点专科学历教育，必须具有普通高中、中等职业技术学校、中等专业学校学历证书；参加专科起点本科学历教育，必须具有国民教育系列专科学历证书；参加硕士学位教育，必须具有国民教育系列本科学历证书和学士学位证书。各单位管理和专业技术人员如因工作实际，需要参加统一组织的职工学历教育时，须经集团公司人事部（党委组织部）按照相关规定审批同意后方可参加。

二、学费报销

凡参加集团公司统一组织的对口专业学历教育，按以下条件报销学费：

1. 按期取得相应毕业证、学位证，所有课程中正考通过率100%且在规定时间内足额交纳学费的学费报销100%。

2. 按期取得相应毕业证、学位证，所有课程中正考通过率80%及以上且在规定时间内足额交纳学费的学费报销80%。

3. 按期取得相应毕业证、学位证，所有课程中正考通过率50%及以上且在规定时间内足额缴纳学费的学费报销50%。

4. 未参加或未通过毕业论文正式答辩，第一次补答辩通过并取得相应毕业证、学位证的学费报销50%。

5. 未按期毕业、所有课程中正考通过率50%以下（以学校成绩单为准）、毕业论文第一次补答辩未通过、毕业前，未足额缴纳学费、在学期间，因扰乱课堂秩序、违反考场纪律，造成不良影响的学费不予报销，学员自行负担。

6. 涉及管理和专业技术人员的学费报销（包括学历教育期间成为管理和专业技术人员的），须经集团公司人事部（党委组织部）审批同意后方可报销。

7. 职工自学的学历教育，学费自行承担。

8. 参加集团公司统一组织的学历教育在学期间，因个人原因退学的，五年内不允许参加集团公司统一组织的学历教育，已发生学费由本人自行承担。

第三节　职工职业技能竞赛

一、职工职业技能竞赛层级

职工职业技能竞赛分集团公司（一、二类）决赛和站段选拔赛两级。

集团公司一类职业技能竞赛决赛由集团公司统一组织，各系统参加；集团公司二类职业技能竞赛包括由各业务系统牵头组织的技能竞赛和青年职工职业技能竞赛。

站段级选拔赛由站段组织。按照“层层选拔，全员参与”的原则，结合岗位实际，组织开展班组、车间、站段级选拔赛，充分调动全体职工学技练功积极性。

二、表彰

对参加各级职业技能竞赛（不含个人单项奖）的选手，除国家、国铁集团、自治区表彰奖励外，集团公司将给予以下表彰。

在国家、国铁集团级职业技能竞赛取得认可名次和自治区级职业技能比赛、集团公司职业技能竞赛（从业人员超过 1 千人）获得第一名的，符合基本条件直接推荐为“集团公司先进生产（工作）者”。

三、奖励

1. 对参加国家级一类职业技能竞赛获得前 30 名的选手，第 1 名奖励 50 000 元，第 2～5 名奖励 30 000 元，对取得其他名次者，奖励 10 000 元。

2. 对参加国家级二类职业技能竞赛获得前 25 名的选手，第 1 名奖励 30 000 元，第 2～5 名奖励 20 000 元，对取得其他名次者，奖励 8 000 元。

3. 对参加国铁集团一类职业技能竞赛获得前 20 名的选手，第 1 名奖励 30 000 元，第 2～5 名奖励 20 000 元，对取得其他名次者，奖励 8 000 元。

4. 对参加国铁集团二类职业技能竞赛获得前 15 名的选手，第 1 名奖励 20 000 元，第 2 名奖励 15 000 元，第 3 名奖励 10 000 元，对取得其他认可名次者，奖励 3 000 元。

5. 对参加集团公司一类职业技能竞赛的获奖职工：

从业人数 2 000 人以上的工种，获得前 20 名的选手，第 1 名奖励 10 000 元，第 2 名奖励 8 000 元，第 3 名奖励 5 000 元，第 4～5 名奖励 3 000 元，获得第 6～15 名的选手，奖励 2 000 元，获得第 16～20 名的选手，奖励 1 000 元。

从业人数 1 000 人至 2 000 人的工种，获得前 15 名的选手，第 1 名奖励 10 000 元，第 2 名奖励 8 000 元，第 3 名奖励 5 000 元，第 4～5 名奖励 3 000 元，获得第 6～10 名的选手，奖励 2 000 元，获得第 11～15 名的选手，奖励 1 000 元。

从业人数 200 人至 1 000 人的工种，获得前 10 名的选手，第 1 名奖励 10 000 元，第 2 名奖励 8 000 元，第 3 名奖励 5 000 元，第 4～5 名奖励 2 000 元，获得第 6～10 名的选手，奖励 1 000 元。

从业人数 200 人以下的工种，获得前 5 名的选手，第 1 名奖励 10 000 元，第 2 名奖励 8 000 元，获得第 3～5 名的选手，奖励 1 000 元。

对参加自治区级职业技能竞赛的，以自治区发文公布名次为准，比照集团公司一类职业技能竞赛进行奖励。

6. 对参加集团公司二类职业技能竞赛的获奖职工：

从业人数 2 000 人以上的工种，获得前 15 名的选手，第 1 名奖励 5 000 元，第 2 名奖励 3 000 元，第 3 名奖励 2 000 元，第 4～5 名奖励 1 000 元，第 6～10 名奖励 800 元，第 11～15 名奖励 500 元。

从业人数 1 000 人至 2 000 人的工种，获得前 10 名的选手，第 1 名奖励 5 000 元，第 2 名奖励 3 000 元，第 3 名奖励 2 000 元，第 4～5 名奖励 1 000 元，第 6～10 名奖励 500 元。

从业人数 200 人至 1 000 人的工种，获得前 5 名的选手，第 1 名奖励 5 000 元，第 2 名奖励 3 000 元，第 3 名奖励 2 000 元，第 4～5 名奖励 1 000 元，第 6～7 名奖励 500 元。

从业人数 200 人以下的工种，获得前 3 名的选手，第 1 名奖励

5 000 元，第 2 名奖励 3 000 元，第 3 名奖励 2 000 元。

7. 对参加国家、国铁集团级职业技能竞赛取得认可名次未授予全国、全路技术能手称号的选手，授予“集团公司技术能手”称号。

对参加自治区级技能竞赛未授予“自治区技术能手”称号的职工，以自治区发文公布名次为准，比照局一类竞赛授予“集团公司技术能手”称号。

集团公司一类职业技能竞赛的获奖职工：

从业人数 2 000 人以上的工种，授予前 20 名“集团公司技术能手”称号。

从业人数 1 000 人至 2 000 人的工种，授予前 15 名“集团公司技术能手”称号。

从业人数 200 人至 1 000 人的工种，授予前 10 名“集团公司技术能手”称号。

从业人数 200 人以下的工种，授予前 5 名“集团公司技术能手”称号。

集团公司二类职业技能竞赛的获奖职工：

从业人数 2 000 人以上的工种，授予前 15 名“集团公司技术能手”称号。

从业人数 1 000 人至 2 000 人的工种，授予前 10 名“集团公司技术能手”称号。

从业人数 200 人至 1 000 人的工种，授予前 7 名“集团公司技术能手”称号。

从业人数 200 人以下的工种，授予前 3 名“集团公司技术能手”称号。

8. 对男 45 周岁及以上、女 40 周岁及以上参加集团公司职业技能竞赛，获得前 10 名的选手，由集团公司颁发荣誉证书，并一次性奖励 3 000 元（获得名次奖励的选手，按较高标准执行，不重复奖励）。

四、晋级

对参加职工职业技能竞赛的优秀选手，按照职业技能鉴定权限和所从事的工种职业资格等级设置，晋升职业资格等级可享受相应优惠政策。

1. 对获得全国技术能手称号的选手，直接晋升技师职业资格。已具有技师职业资格且该工种设有高级技师职业等级的，直接晋升高级技师职业资格。

2. 对获得全路技术能手、自治区技术能手称号的选手，直接认定相应等级职业资格。其中，职业资格等级未设高级工的，按实际设置职业资格等级的最高等级认定；职业资格等级设高级工的，直接认定高级工职业资格；已具有高级工或以上职业资格，可直接认定其上一职业资格等级。

3. 对获得国家级、国铁集团竞赛名次证书、自治区级竞赛表彰名次（以全区全部参赛工种表彰名次为准）的选手，三年内可破格参加上一等级的职业技能鉴定（免理论、实作考试）。

4. 对参加国家、国铁集团级竞赛未获得名次证书的选手（不含取消竞赛名次的选手），按照《国家职业标准》在三年内正常参加职业技能鉴定的，可免操作技能考试。

5. 对参加集团公司一类职业技能竞赛，经国铁集团备案的工种取得前 2 名的选手，由集团公司申报全路技术能手称号，获批准后，直接认定相应等级职业资格。其中，职业资格等级未设高级工的，按实际设置职业资格等级的最高等级认定；职业资格等级设高级工的，直接认定高级工职业资格；已具有高级工或以上职业资格，直接认定上一职业资格等级。对未经国铁集团备案的工种取得第 1 名及经铁路总公司备案的工种取得第 3 名的选手，三年内可破格参加上一等级的职业技能鉴定（免理论、实作考试）。

对参加职工职业技能竞赛的优秀选手，参加管理和专业技术岗位竞聘、职称评审时可享受相应优惠政策。

参加国家级一类、二类职业技能竞赛前五名，国铁集团级一类职业技能竞赛前五名，及国铁集团级二类职业技能竞赛前三名的选手和自治区级职业技能比赛、集团公司职业技能竞赛获得第一名的选手，在参加管理和专业技术岗位竞聘时予以加分，亦可作为进一步晋级提职使用的重要参考；在专业技术职称资格评审时作为业绩条件之一。

附录

集团公司职工行为公约

一、表述

对党忠诚 爱国守法
人民至上 竭诚服务
诚信友善 拼搏进取

二、释义

(一)对党忠诚 爱国守法

中国铁路在百年奋斗中铸就了“始终听党话、永远跟党走”的铁路红色基因。新时代铁路人要赓续红色血脉、传承红色基因,主动将个人理想追求融入党的事业、融入铁路高质量发展实践,在勇当服务和支撑中国式现代化的“火车头”中展现新作为。“爱国守法”是公民对国家最首要的道德义务。每名呼铁人都要深刻认识个人命运与国家命运休戚相关、紧密相连的关系,立足岗位主动担当报效祖国、建设祖国的重任,争做遵纪守法的好公民。

(二)人民至上 竭诚服务

中国铁路始终坚持“人民铁路为人民”的宗旨,努力实现人畅其行、物畅其流,满足人民群众多元多样的出行和物流需求。铁路职工要坚持胸怀“国之大者”、心系“民之所向”,始终把人民群众的根本利益放在第一位,以强烈的责任感和使命感做好本职工作,保障铁路安全稳定、运输畅通。“服务”是铁路的本质属性,“竭诚”体现铁路的服务态度。铁路职工要不断强化服务意识,规范服务行为,创新服务方式,提高服务质量,以热情周到优质的服务,满足人民群众对铁路的新期待。

(三)诚信友善 拼搏进取

“诚信”是中华民族的传统美德,“友善”是个人维系良好社会关系的基本价值准则。铁路职工一言一行都与企业密切相关,要坚持诚实劳动、诚信做人、友善待人，积极向社会传递温情与爱心，共同营造和谐社会氛围。“拼搏进取”是一种追求、一种精神，是我们在人生道路上追求进步的动力源泉。新时代铁路人要大力弘扬劳模精神、劳动精神、工匠精神，以饱满的状态、奋进的姿态，在推动铁路高质量发展的新征程中踔厉奋发、勇毅前行。

勇当服务和支撑
中国式现代化的“火车头”
局歌《向着精彩出发》